섯마파람 부는 날이면

김수열 시인의 세상읽기
섯마파람 부는 날이면

삶이 보이는 창

• 책머리에 •

 시를 쓰고 있다는 이유로 여기저기서 칼럼이나 에세이를 써 달라는 청을 받곤 한다. 그럴 때마다 어느 선배문인이 들려준 이야기를 떠올리는데, 작고하신 소설가 황순원 선생은 살아 생전에 당신이 쓰시는 소설 이외의 글에는 전혀 손을 대지 않았다는 내용의 이야기이다. 작가는 정서적 순결성을 생명으로 삼아야 하며 그러기 위해서는 무엇보다 다른 장르를 기웃거리거나 헛발질을 해서는 안 된다는 깨우침이리라.
 문단의 말석에 고개를 처음 내민 20여 년 전만 해도 필자 또한 그 생각에 전적으로 공감을 하고 있었고 시 이외의 글은 쓰지 않으리라 마음을 다잡은 적이 있었다.(돌이켜 생각해 보면 그 무렵은 시 또한 쓰지 않았다. 시든 잡글이든 써 달라는 청탁 자체가 없었으니까)
 두 권의 시집을 세상에 내놓으면서부터 간간이 잡글에 대한 청탁과 아울러 칼럼을 연재하자는 제안이 들어오곤 했다. 어떤 때는 써야 한다는 사명감에서, 또 어떤 때는 딱히 거절할 명분이 없어서 가뭄에 콩 나듯 끄적거리기 시작한 것이 어느덧 한 권 분량으로 묶여질 만큼 되고 말았다.
 시인은 시로 세상과 맞대면해야 한다는 처음의 생각에는 변함이 없으나 정서적 순결성을 들어 다른 글을 써서는 안 된다는 생각에는 쉽게 수긍이 가질 않는다. 시대에 따라, 자신이 처한 삶의 조건에 따라 문학은 예술이면서 또한 무기여야 한다는 생각 때문이다. 그 무기가 굳이 칼이라야 한다는 고집스러움은 이제 버렸다는 얘기가 되겠다. 칼잡이가 칼을 우선하는 건 당연하지만 칼보다 창이 유용하다면 창을 들어야 할 것이고, 활을 꺼내 시위를 당겨야 할 상황이라면 활시위를 당겨야 하는 게 올바른 자세가 아닌가 하는 판단을 하게 된 것이다.

여기저기 흩어진 글들을 엮다 보니 대부분이 필자가 나고 자란 섬 이야기이고 내 이웃이 살아가는 변방의 이야기들이다. 한 가지 바람이 있다면 이 글들이 '변죽만 울리고 말 것이 아니라, 변죽을 두드려 중심을 흔드는 설장고 소리' 였으면 하는 것이다. 그러기에는 턱없이 부족한 글들임을 잘 알면서도 부질없이 그런 생각을 한번 해보는 것이다.

이 책을 엮으면서 다시 빚을 지고야 말았다. 볼품없는 글을 읽고 그림으로 생명을 불어 넣어준 화가 정용성에게 고마움을 전한다. 그리고 하루에도 몇 군데씩 문을 닫아야 하는 불황의 시대임에도 불구하고 선뜻 출판을 맡아준 『삶이 보이는 창』 식구들께 깊은 감사를 드린다.

2005년 봄
김수열

· 차례 ·

책머리에 • 4

1부 내일을 살기 위하여

내딛는 걸음마다 새순이 피어나기를 • 12

통일의 새날을 열어나간다 • 17

그 아이 안부가 궁금하다 • 20

이들을 죽일 것인가 • 23

이라크 그리고 4·3 • 27

2030 • 31

〈그 학교〉는 무사한가 • 35

기분 좋은 날 • 38

내일을 살기 위하여 • 42

나는 조선을 버릴까 한다 • 46

나를 슬프게 하는 것들 • 49

'단란'의 의미 • 52

우물에 관한 추억 • 55

2부 맺힌 것은 풀어야 한다

숨어 사는 외로움 • 60

책 읽지 맙시다 • 64

버림받은 책 • 68

여수를 떠나며 • 72

부도덕한 전쟁, 그 이후 • 76

섯마파람 부는 날이면 • 81

아직도 4·3은 계속 되고 있다 • 85

4·3 그리고 자기검열 • 91

맺힌 것은 풀어야 한다 • 96

황당하고 끔찍한 꿈 한 토막 • 99

'비어 있음'에 대한 몇 가지 생각 • 103

'지금 그 사람'은 안녕하신가? • 112

어긋남과 낡음의 만남, 그 아름다움 • 117

3부 섬땅의 사람들

변방에 부는 바람 그리고 망망한 바다, 현기영 • 124

제주의 살과 뼈를 그리는 화가, 강요배 • 131

돌에 생명을 불어넣는 돌하르방, 송종원 • 144

신인동락의 세상을 꿈꾸는 神의 刑房, 김윤수 • 157
제주를 황갈색으로 그리는 화가, 변시지 • 174
문학은 곧 삶이다 • 187

추천의 글 - 가을하늘처럼 맑은 영혼 • 212

1부
내일을 살기 위하여

내딛는 걸음마다 새순이 피어나기를
— 생명평화 탁발순례에 부쳐

　섬을 찾아오신 지가 엊그제 같은데 벌써 보름이 지나고 있습니다. 생각 같아서는 시간 나는 대로 순례단에 합류하여 그대들과 함께 걷고 싶었습니다만 이런 저런 개인적인 일정을 핑계로 차일피일 미루다 보니 오늘에 이르렀습니다. 지난번 새만금 살리기 삼보일배의 후유증 탓인지 무릎이 시원치 않아 지팡이에 의지하면서도 걸음을 멈추지 않으시는 수경 스님, 지친 모습이 역력함에도 애써 감추시며 발길 닿는 곳마다 생명과 평화의 씨앗을 심으시는 도법 스님, 그리고 검게 그을린 얼굴로 묵묵히 그 뒤를 따르는 박남준 시인, 이원규 시인의 얼굴을 맞대면할 때마다 송구스럽고 죄스러운 마음이 앞섭니다.
　지난 겨울이었습니다. 글품을 파는 글쟁이들이 모악산에서 지리산 악양으로 거처를 옮긴 박남준 시인의 집으로 집들이를 겸해서 꾸역꾸역 모여들었지요. 경향각지에서 모인 터라 술상 위에 올라앉은 술과 안주도 각양각색이요, 술기운에 입밖으로 튀쳐나오는 걸쭉한 입담 또한 전국 사투리 경연대회를 방불케하는 그런 자리였습니다. 술잔이 몇 순배 돌았을 즈음 지리산 터줏대감을 자처하는 이원규 시인이 뒤늦게 합석을 했지요. 술잔과 함께 이런저런 말이 오가던 끝에 머지않아 생명평화 탁발순례를 준비하고 있고, 제주에도 가게 될 거라는 말을 들었을 때만 해도 대수롭지 않게 생각했지요. 이런 고행의 대장정인 줄은 미처 생각을 못했으니까요.

얼마 전부터 섬의 중심 화두는 평화입니다. 이 섬을 평화의 섬으로 가꾸어야 한다는 것이겠지요. 또 한 가지가 있습니다. 청정 제주를 보전해야 한다는 목소리가 바로 그것입니다. 청정한 제주를 평화의 섬으로 가꾸자고 하는데 누가 아니라고 하겠습니까? 누가 감히 흰소리라 하겠습니까? 백 번 천 번 맞는 말이지요. 똑 부러지는 소리입니다. 그런데 그 당연한 외침이 왜 이다지도 공허하게 들릴까요?

먼저 평화에 대해 생각해 봅니다. 진정한 평화는 그 평화를 짓밟힌 경험을 가진 민족과 지역에서부터 시작되어야 한다고 봅니다. 그런 의미에서 제주는 평화를 말하기엔 아주 적합한 곳이지요. 해방 직후 분단으로 인한 고통과 상처가 극명하게 드러난 곳이 바로 이곳 4·3입니다. 섬은 곧 단절이요, 단절은 고립을 의미합니다. 고립무원의 절해고도에서 왜 죽어야 하는지도 모르게 죽어 구천을 떠도는 원혼이 3만입니다. 중산간에 있던 집들은 죄다 불에 탔습니다. 살아있는 것들 또한 그 불

길을 피할 수는 없었지요. 해안으로 내려오는 길에 총 맞아 죽고 산으로 오르다 굶어 죽은 주검이 그대들 걸음걸음을 뒤따르고 있는지도 모릅니다.

진정한 평화는 평화공원에 있는 것이 아니지요. 천문학적 수치의 돈을 들이부어 집을 지은들 무슨 대수이겠습니까? 중요한 것은 평화를 심고 가꾸어나가는 그 마음이지요. 남의 생명도 내 생명과 다름 아님을 깨닫는 것이겠지요. 집의 크기가 중요한 게 아니라 마음의 크기가 중요합니다. 평화의 노래가 그치지 않고 더불어 사는 삶이 아름다운 삶이라는 걸 다함께 노래 부를 때 평화는 찾아오겠지요. 미국의 전 국방장관 윌리엄 페리나 전 주한미국대사 도널드 그레그가 제주에 와서 말하는 평화는 결코 평화일 수 없지요. 말도 안 되는 소리지요.

청정 제주도 그렇습니다. 누가 봐도 제주는 맑고 깨끗합니다. 그러나 그 속내를 자세히 들여다보면 전혀 그렇지도 않습니다. 지금 제주에 몇 개의 골프장이 있는지 아시는지요. 지금 건설 중이거나 계획 중인 골프장이 도대체 몇 개인지 아시는지요. 한 개의 골프장을 관리하기 위해 퍼붓는 살충제는 도대체 얼마만큼인지요. 생명의 순환고리가 철저하게 위협받고 있습니다. 물이 죽어가고 있으니 물을 필요로 하는 모든 살아 있는 것들이 시들어가고 있습니다. 우리의 어머니, 아버지는 일터에서 밀려난 지 이미 오래고, 우리의 누이는 한여름에도 목이 긴 양말을 신고 소매 긴 옷을 입은 채 골프장 캐디 생활을 하며 살아가고 있지요. 골프장 허가를 무제한 허용하면서 청정한 제주를 말할 수 있는 것인지요. 이 또한 어불성설이지요.

어느 자리에선가 이런 말씀을 하셨지요. 탁발은 곧 동냥이다. 먹을 것을 동냥해서 걷고, 잠자리를 동냥해서 피곤한 몸을 잠시 누이고, 돈을 동냥해서 평화와 생명을 북돋는 일에 쓰고, 평화와 생명을 사랑하는 마음을 동냥해서 가는 곳마다 그 마음을 전하겠다고 말입니다. 그리고는 다시 말씀을 이으셨지요. 우리는 깨우치러 온 것이 아니라 깨우침을 받으러 온 것이라고, 가르치러 온 것이 아니라 나를 찾으러 온 것이라고, 여태껏 살아온 삶을 뉘우치러 온 것이라고 말입니다.

바쁘다는 이유만으로 함께 하지 못한 저 자신을 크게 꾸짖습니다. 오는 주말에는 벗들과 함께 순례단의 끄트머리에 서서 함께 걸으렵니다. 그대들의 걸음걸음이 곧 평화요 생명임을 아는 까닭에, 그대들의 걸음걸음에 새순이 피어나고 새 생명이 싹터올 것임을 믿는 까닭에 지금까지 살아왔고 앞으로도 살아갈 이 섬 한 모퉁이를 그대들과 함께 걸으렵니다.

그대 동냥의 길에 늘 평화와 생명이 충만하기를.

(문화일보, 2004년)

통일의 새날을 열어나간다

서부관광도로를 달린다. 샛별오름 능선 너머 붉은 노을이 길게 드리워져 있다. 민족평화축전 개막식이 열리고 있는 제주월드컵경기장으로 들어간다. 대략 2만여 명 정도 모인 것 같다. 객석이 듬성듬성 비어 있다. 그럴 수밖에 없었으리라. 남과 북이 행사를 치르기로 합의한 이후 얼마나 우여곡절이 많았는가. 정치권은 대북 송금을 빌미로 찬물을 끼얹더니만 행사 지원에도 딴지를 걸어댔다. 그야말로 몽니 궂은 시누이에 다름 아니다. 북측도 마찬가지다. 행사를 코앞에 두고 예술단과 취주악단 참가가 불가능하다는 통보를 해왔다. 행사장 가는 길은 그래서 기분이 눅눅하다.

개막 선언에 이어 아리랑을 배경 음악으로 한반도가 그려진 축전기가 게양된다. 객석에서도 대형 축전기를 펼쳐 환호한다. 드디어 북측 선수단이 입장한다. 관객석을 향해 손을 흔든다. 객석에서도 이에 뒤질

세라 자리에서 일어나 환호와 함께 축전기를 흔들며 따뜻하게 맞이한다. 늦가을의 쌀쌀한 바람도 잠시 멈추어 선다. 환영사에 이어 북측과 남측의 대표들이 기념사를 한다. 바닷길, 하늘길, 땅길을 활짝 열고 평화와 통일, 화합의 큰길로 함께 가자고 한다. 오늘의 만남을 약속이라고 한다. 다시는 헤어지지 말자는, 다시는 형제의 가슴에 총칼을 겨누지 말자는, 아름다운 조국·통일된 조국을 후손들에게 물려주자는 약속이라 한다. 그네들의 목소리 마디마디마다 도민들은 뜨거운 박수로 화답을 한다. 서로 비위를 건드리지 않겠다는 자세가 역력하다. 그렇다. 그래야 했다. 반세기 넘게 헤어져 살지 않았던가. 같지 않음을 탓하지 말고 서로 다른 점을 우리는 이해해야 한다. 지금처럼 말이다.

개막식의 하이라이트는 성화 입장이었다. 백두에서 채화한 성화와 한라에서 채화한 성화를 남북한 선수가 나란히 들고 손 잡고 경기장으로 들어온다. 모든 시선은 그들에게 집중된다. 운동장을 한 바퀴 돌고 대형 한반도가 새겨진 조형물에 점화된다. 제주에서 점화된 불은 마치 봄기운이 북상하듯 남에서 북으로 타오른다. 거기엔 분단의 어떤 장애물도 없다. 어떤 걸림돌도 더 이상 문제가 되지 않는다. 백두에서 다시 만난 성화의 불길은 성화대로 날아올라 경기장 전체를 밝힌다. 그 순간 수백 발의 폭죽이 치솟아 어두운 밤하늘을 밝힌다. 그렇다. 불은 벽사진경 그 자체이다. 사악한 것들을 물리치고 오직 경사스러움만 맞이한다. 분단의 굴레를 벗어던지고 통일의 새날을 열어나간다. 아리랑이 웅

장하게 울려 퍼진다. 나도 모르게 따라 부른다.

　경기장을 나오면서 다시 생각해본다. 분단 이후 처음으로 제주에서 마련된 민족평화축전은 그 자체만으로도 하나의 역사다. 그러나 이제 시작이다. 한 술에 배부를 수 없듯 이제부터 시작하는 것이다. 서로 같음을 보듬어 북돋워주고 서로 다름을 깨달아 가는 것이다. 서로가 서로를 이해하는 것이다. 서로가 서로를 껴안고 사랑하는 것이다. 그게 바로 평화고 통일이다. 그러한 자리가 바로 축전의 자리인 것이다. 그렇다. 우리 민족은 반드시 만나야 한다.

(제민일보, 2003년)

그 아이 안부가 궁금하다

　열 손가락 깨물어 안 아픈 손가락이 어디 있으랴마는 학교에서 학생들을 상대하다 보면 무척이나 정이 가는 학생이 있는 반면 제대로 정을 주지 못하는 아이가 간혹 생긴다. 바로 그런 경우인데, 학년 초에 담임 배정을 받고 설레는 마음으로 교실에 들어가 아이들 이름을 하나씩 부르는데 한 아이가 대답을 하지 않는다. 학교에 나오지 않은 것이다. 지난해에 같은 반을 했던 학생에게 물으니 그때도 학교에 거의 나오지 않았다고 한다. 통화를 몇 차례 시도했지만 연결이 안 된다.

　며칠이 지나 그 아이가 학교에 왔다. 나와 첫 대면인 것이다. 그 학생을 불러 자초지종을 물었다. 그 아이의 눈빛이 불안하다. 결석하지 말고 잘 나오라고 타이르면서 한 가지 약속을 했다.

　"내일부터 아침에 일어나면 학교로 나오기 전에 선생님한테 전화할 수 있니?"

"그건 왜요?"

"그래야 네가 학교에 잘 나올 수 있을 것 같아서."

"… 예, 알았어요."

다음날 아침, 전화를 기다렸지만 오지 않았다. 불안한 마음으로 학교에 왔는데 그 아이가 와 있는 게 아닌가? 그 아이가 너무 고마웠다. 그렇게 며칠 잘 나오는가 싶더니 다시 학교에 모습을 보이지 않는다.

아빠는 안 계신다고 했다. 엄마는 식당일을 하는데 어느 식당인지는 모른다고 했다. 전화를 해보았지만 연락이 되지 않았다. 누나는 지금 고등학교 1학년인데 동생에 대해선 별로 관심이 없어 보였다. 결석 기간 동안 몇 차례에 걸쳐 가정통신을 보냈지만 아무런 회답이 없다. 하는 수 없이 집을 찾아 나서기로 했다. 주소 하나 달랑 들고 동사무소로 가서 위치를 대강 파악한 다음 물어물어 집을 찾았다. 굳게 닫혀있다. 그냥 돌아갈까 하다가 이왕 여기까지 왔는데 하는 심사로 몇 번 부르니 그 아이의 엄마로 짐작되는 사람이 창문을 반쯤 열고 의심에 찬 눈으로 바라본다. 담임선생이라고, 아이가 학교에 오지 않아 찾아 왔다고 하니 엄마는 그냥 한숨부터 내쉰다. 알고 있다고. 얼마 전에 집을 나가 지금까지 돌아오지 않는다고. 이젠 찾을 힘도 없다며 땅이 꺼져라 한숨을 내쉰다. 아이가 학교 가기를 싫어하는데 엄마인들 무슨 뾰쪽한 수가 있겠냐며 울먹이는데 더는 말도 못하고, 집에 들어오면 꼭 연락해달라는 말만 남기고 돌아섰다.

  갈수록 교단에 서기가 힘들어진다. 두 손을 꼭 잡고 얘기라도 나누고 싶지만 아이는 이미 학교에 등을 돌린 상태다. 어디서 무얼 하고 있는지 생각하기조차 겁이 난다. 물론 학벌이 중요한 사회가 아니라는 걸 알지만 저 어린 나이에 집을 나가 하루하루를 어떻게 살아갈 것인가를 생각하니 가슴이 답답하다.

  교실에는 잘하는 아이가 있는 반면 못하는 아이도 있고, 못난 아이가 있는 반면 잘난 아이도 있게 마련이다. 키가 큰 아이가 있는 반면 키 작은 아이도 있고, 힘이 약한 아이가 있는 반면 힘이 황소 같은 아이도 있다. 글쓰기를 잘하는 아이가 있는 반면 달리기를 잘하는 아이가 있고, 수학을 잘하는 아이가 있는 반면 컴퓨터 게임을 정말 잘하는 아이가 있다. 그런 각양각색의 아이들이 한데 어우러져 나름대로의 향기를 내뿜는 곳이 학교일진대 그네들 앞에서 나는 진정으로 편애하지 않고 골고루 사랑을 주고 있는가 새삼 생각해본다.

(정토신문, 2003년)

이들을 죽일 것인가

사랑수 신부님.

이국만리 캐나다에 살면서 남새를 키우기 위해 땅고르기를 하셨다지요? 거름으로 쓰기 위해 먹다 남은 음식물 쓰레기를 구덩이에 한데 모으고 있다지요?

지금 이 땅에는, 살아있는 모든 것들을 죽여야만 구차한 목숨을 부지할 수 있는 '인간'이라는 미천한 짐승들의 죄를 사하고 그러한 어리석음을 거두어 주십사고 50일이 넘게 삼보일배하시는 분들이 계십니다. 물론 신부님도 아시는 분들입니다. 천주교정의구현사제단 문규현 신부님, 불교환경연대 수경 스님, 원불교 김경일 교무님, 전북기독생명연대 이희운 목사님 등이 그분들이시지요.

그분들의 요구는 오직 하나입니다. 새만금 갯벌을 살려달라는 것입니다. 마구잡이 개발에 의해 죽어갈 수많은 지렁이와 게와 조개와 꼼지

락거리는 모든 것들을 그 자리에서 그대로 살게 해달라는 것입니다. 인간의 정화조이자 모든 생명체들의 삶터인 갯벌을 살려야 한다는 것입니다. 갯벌이 살아야 자연이 살고, 자연이 살아야 뭇 생명들이 살고 인간이 살 수 있다는 걸 알아야 한다는 것입니다.

　세 발자국 걸어가서는 엎드려 절을 하면서 죽음을 감내하는 고행을 그분들은 지금 이 시간에도 하고 있습니다. 뙤약볕이 내리쬐는 날이면 하루에도 몇 번씩 실신을 한다고 합니다. 수경 스님은 무릎 관절에 고인 물을 주사기로 뽑으면서 삼보일배를 계속하고 있다 합니다.

　신부님.
　미국의 14대 대통령인 프랭클린 피어스는 지금의 워싱턴주에 살던 북미 인디언 수쿠아미시 추장 시애틀 씨에게 그의 땅을 정부에 팔아 달라고 요청했답니다. 이에 대해 시애틀 추장은 "어떻게 당신은 하늘을, 땅의 체온을 사고 팔 수 있습니까?"라고 되묻는 답신을 보냈다지요.
　땅과 하늘과 자연을 인간의 소유물로 여기는 이 천한 자본의 논리를, 이 천박한 사고를 어찌하면 깨우칠 수 있을까요? 그동안 인간의 이름으로 저질러진 자연과 환경의 파괴로 말미암아 인간으로서는 감당할 수 없는 재앙의 징후가 도처에서 드러나고 있는데 아직도 정신 차리지 못하는 탐욕의 끝은 도대체 어디쯤일까요?

사랑수 신부님.

고난의 행진은 예정대로라면 오는 31일에 서울 광화문에 이른다고 합니다. 많은 분들이 삼보일배에 동참할 의사를 보이고 있다 합니다. 〈한겨레〉에는 그분들의 고행에 관련된 기사를 싣고 있는데 이런 표현이 있습니다.

"지금 죽어 가는 생명을 살리려, 죽이는 이들을 대신해 석가와 예수와 소태산이 아스팔트에 참회의 절을 올리고 있다. 체력은 이미 바닥이나 오직 생명에 대한 자비만이 이들을 서울로 향하게 하고 있다. 이들을 죽일 것인가."

그렇습니다. 지금 석가와 예수와 소태산이 한 마음이 되어 새만금 갯벌을 제발 살려달라는 마음 하나로 죽음을 각오한 묵언정진으로 한 걸음 한 걸음 내딛고 있습니다.

신부님.

지금 이 땅에 살아있는 우리는 어떻게 해야 하는 것입니까? 죽음의 아스팔트 위에 내동댕이쳐진 채 말라비틀어진 지렁이처럼 이들을 놔둬야 하는 것입니까?

(정토신문, 2003년)

이라크 그리고 4·3

김 선생님.

 이 글을 쓰고 있는 지금 시간이 이라크 국민들에겐 생애 최대의 긴장이 감도는 시간일지도 모르겠습니다. 미국의 부시 정권이 이라크를 상대로 선전포고를 하겠다던 바로 그날이거든요. 혹시 이 글이 선생님의 서재에 도착하는 시간쯤이면 이미 수많은 인명이 아무런 죄 없이 유명을 달리했고, 부모를 잃고 집을 잃은 전쟁고아들은 굶주림에 허덕이며 바그다드 시내의 구석구석을 헤매고 있을지도 모르겠습니다. 최첨단 최신예 무기로 중무장한 미국과 유엔의 경제 봉쇄 조치로 하루 세 끼가 빠듯한 이라크와의 전쟁은 이미 전쟁이 아니지요. 한여름 밤의 불꽃놀이 축제를 벌이듯 쏘아대는 미국의 집중포화에 대한 이라크의 대응은 오직 '신의 뜻대로' 할 뿐이라는 겁니다. 미국에 대항할 능력을 갖고 있지 않는 이라크로서는 오직 신의 뜻에 기대어 간절한 기도로 다시는 이 땅에 전쟁이 일어나지 않기를, 더 이상의 주검이 눈앞에 펼쳐지지 않기를 바랄 뿐이지요.

김 선생님.
그런데 이러한 일촉즉발의 위기상황에서 또 하나의 놀라운 일이 벌어지고 있습니다. '인간 방패'가 바로 그것입니다. 아랍계의 수많은 사람들이 'NO WAR'를 외치며 인간 방패를 자처하고 언제 포성이 울려 퍼질지 모를 바그다드로 모여들고 있다는 것입니다. 어디 그뿐이겠습니까? 전쟁의 당사국인 미국과 영국을 비롯한 유럽·아시아 등지의 양심적인 평화주의자들이 아무런 무장도 없이 세면도구와 옷가지만을 배낭에 담고 이라크로 모여들고 있습니다. 그네들은 단순한 시위 군중이 아닙니다. 자체적으로 회의를 열고 만약 미국이 공습을 해온다면 어디부터 공격할 것인가에 대해 토론을 벌이고, 바로 그 장소, 다시 말해 미국의 포탄이 떨어질 그 장소로 불나비처럼 뛰어들고 있다는 것입니다. 평화를 상징하는 깃발 하나만을 들고 말입니다.

김 선생님.
우리는 아이들에게 우리 민족이야말로 한 번도 다른 민족을 침략한 적이 없는 민족이라고 가르쳐 왔습니다. 이젠 그 말을 접어야할 것 같습니다. 베트남 전쟁 이후 이번에도 우리 정부는 미국과의 혈맹이라는

명분을 들어 미국이 준비하는 이번 전쟁에 공병부대를 파견한다고 합니다. 선생님은 이번 파병에 대해 어떻게 생각하시는지요? 똑같은 국민인데 누구는 미국의 편에 서서 이라크를 향해 총구를 겨누어야 하고, 누구는 전쟁 반대를 외치며 폭풍전야의 이라크에 들어가 죽음도 불사하는 '인간 방패'가 되어야 하는지요? 도대체 우리의 정체성은 무엇이고, 지금 어디서 길을 잃고 헤매고 있는지요?

김 선생님.
이제 4월입니다. 참담한 생각을 잠시 거두고 제가 발 딛고 선 제주섬의 4월을 생각합니다. 아무 영문도 모른 채 산자락 어귀에서, 바닷가 바위틈에서, 옴팡진 밭에서, 집에서, 퐁낭 아래서 죽어간 수많은 4·3의 원혼들을 생각합니다. 당시 미군정 제주지역 최고지휘관 로스웰 대령이 제주를 방문한 자리에서 내뱉은 한 마디가 무엇인지 아는지요? 그는 이렇게 말했습니다.
"사건의 원인에는 흥미가 없다. 나의 임무는 오직 탄압뿐이다."
4·3, 그 수많은 죽음은 이렇게 시작되었습니다.

(정토신문, 2003년)

2030

 선거가 끝났다. 개표 상황을 지켜본 사람들의 말을 빌면, 어떤 사람은 잘 짜여진 고스톱판 같았다고 하는가 하면 또 어떤 사람은 유권자 2,400만이 쓴 긴장과 감동의 대하서사였다고 했다. 선거가 끝나고 새해로 접어드는 길목에서 확인할 수 있었던 건 세상이 분명 달라지고 있다는 것이다. 그 변화의 중심에 이른바 2030이라 불리는 젊은이들이 있다. 20대와 30대의 젊은이들을 그렇게 부르는 모양이다.
 2030이 주도하는 변화의 조짐은 이미 몇 군데에서 감지되었다. 그 첫째가 'Be the Reds'라는 뜨악한 문자가 새겨진 빨간 옷을 입고, 태극기로 두건을 만들어 쓰고, 얼굴에는 페이스 페인팅으로 잔뜩 멋을 부린 채 연인끼리 또는 어린아이를 유모차에 태우고 가족끼리 월드컵 경기장을 가득 메운 '붉은 악마'가 그들이었다. 경기가 끝나고 그들은 감격에 찬 목소리로 "대한민국에 태어난 것이 자랑스럽다."고 했다. 경기장

에서 처음 만난 사람과 부둥켜안고 감격의 눈물을 흘렸다. 어디 그뿐인가. 경기가 열리는 날, 서울 광화문 광장을 가득 메운 열기를 생각해 보라. 제주 탑동 광장에 그렇게 많은 인파가 모인 것을 본 적이 있는가?

　두 번째는 지금도 계속 되고 있는, 미군 장갑차에 치여 비명에 간 효순이 미선이에 대한 촛불시위 행렬이다. 아다시피 두 여중생의 희생은 월드컵에 파묻혀 그 당시에는 세인의 주목을 받지 못했다. 월드컵이 끝나고 경기장과 광화문, 탑동을 메운 젊은 인파들이 이번엔 촛불을 들고 바로 그 장소로 모이고 있는 것이다. 월드컵 때 관중석을 뒤덮은 대형 태극기를 들고 효순이 미선이를 살려내라며, 불평등한 한·미행정협정을 개정하라며 그네들이 다시 모이고 있는 것이다. 월드컵 때처럼 연인끼리 가족끼리 말이다.

　이 젊은이들에게서 나타나는 공통의 문화 현상이 있다. 우선 남이 시켜서가 아니라 자발적으로 한다는 것이다. 미디어 세대이기 때문에 정보를 받아들이는 속도가 앞선 세대와는 비교가 안 될뿐더러 상호 접속을 통해서 자발적이고 주체적으로 움직인다는 것이다. 두 번째는 스스로 하기 때문에 비용도 제 수준에 맞게 스스로 해결한다는 것이다. 돈을 받지 않기 때문에 그 어느 누구에게도 구속됨이 없다는 것이다. 끝으로 그렇기 때문에 그네들은 자유롭다는 것이다. '우리는 자유다.' 라고 당당하게 외칠 수 있는 세대라는 것이다. 월드컵 때 대한민국을 사랑한다고 외친 것도 그네들이었고 효순이 미선이 추모집회에서 거침없이 반미 구호를 외치는 것도 바로 그네들이다.

   이번 선거에서도 그네들은 결정적인 역할을 해냈다. 정치적 허무주의를 깨치고 미디어 공간을 통해서 젊은이들에게 서로 투표 참여를 독려한 것이다. 이번 선거 결과를 보면서 세대간의 갈등이 나타나기 시작했다고 한탄하는 사람이 있는 듯하다. 그러나 염려할 것 하나 없다. 살아 있어야 할 젊은이들이 죽은 듯 있는 게 문제이지 응당 살아 있어야 할 젊은이들이 시퍼렇게 살아서 제 목소리를 내는 게 도대체 무슨 문제란 말인가. 장강의 앞물결은 뒷물결에 의해 서서히 밀려나는 게 자연의 순리이자 역사의 이치이다.

   오히려 더 많은 젊은이들이 우리가 처해 있는 현실에 관심을 가져야 한다. 모든 젊은이들이 깨어있을 때 역사는 바른 길로 갈 수밖에 없는 것이니까.

(정토신문, 2003년)

〈그 학교〉는 무사한가?

지난 2월 15일 한라아트홀 소극장에서는 작지만 커다란 울림이 있었다. 두 해 전에 창립한 제주교사연극모임의 선생님들이 처음으로 〈그 학교〉라는 제목의 연극 무대를 꾸민 것이다. 그 선생님들의 모임은 공연을 위한 모임만은 아니다. 모임을 이끌고 있는 김윤자 선생님은 "연극을 통해 아이들과 함께 배우고 즐기며 변화할 수 있다는 것, 서로를 이해할 수 있다는 것, 내 안의 것을 끄집어 낼 수 있다는 것, 아직 살아보지 못한 삶을 미리 살아볼 수 있다는 것은 참으로 행복하고 아름다운 일입니다."라고 자신 있게 말한다.

교육계의 주변에서 우리는 '교실 붕괴'니 '학교는 죽었다' 느니 하는 말을 어렵지 않게 듣는다. 그러나 천만의 말씀이다. 그네들이 오랜 기간 동안 토론과 학습의 과정을 거쳐 이번에 내놓은 작품 〈그 학교〉는 교육을 바라보는 일부의 무기력한 시선들을 단번에 거두게 한다. 학생들이 버젓이 살아 있고 그러한 학생들을 위해 교사들이 이렇게 함께 하는데 누가 교실이 붕괴되었다고, 누가 학교는 죽었다고 감히 말할 수 있느냐고 당당하게 되묻는다.

　마법의 지시봉을 든 교장 선생님, 아이들만큼은 무진장 사랑하겠노라며 기대에 부푼 초짜교사 유현정 선생님, 말끝마다 "돌아버리겠네"를 연발하는 불타는 왕자 박화영 학생, 아무도 구제할 수 없을 것 같은 공주병 강애경 학생, 게임의 왕을 꿈꾸며 게임에 살고 게임에 죽기를 각오한 황인호 학생, 싱어 송 라이터를 꿈꾸는 진정한 뮤지션 최가희 학생, 이네들이 만들어 가는 무대는 우선 재미있다. 장면 장면에서 웃음이 묻어난다. 그러나 그 웃음은 오래 가지 않는다. 특히 학생을 가르치는 선생님이 객석에 앉아 있었다면 더욱 그러했으리라. 왠지 뒷목이 뻣뻣해지면서 울컥한 그 무엇이 저 밑에서부터 올라온다. 자꾸만 고개가 수그러든다. 조금은 과장되고 비약되었지만 어디선가 많이 본 듯한 광경들이 아닌가? 한 번쯤은 겪어보았음직한 일들이 저 무대 위에서 펼쳐지고 있는 게 아닌가?

　연출을 하고 무대에 선 선생님들이 전문 연출가도 배우들도 아닌, 다만 어떻게 하면 학생들에게 진정한 모습으로 다가설 수 있을까를 고민하는 과정에서 올려진 무대라는 것을 안다면 공연 중간마다 보이는 세

련되지 못함은 오히려 더 선생님답다. 특히 이네들은 교육 당국으로부터 어떠한 도움도 바라지 않고 십시일반 쌈짓돈을 그러모아 이 무대를 꾸몄다. 그러면서 아마추어들이 준비한 무대인데 어떻게 입장료를 받을 수 있겠냐며 무료로 공연을 했다. 두 차례의 공연에서 객석을 꽉 메운 관객들의 열기, 그리고 무대에서 땀 흘리는 선생님, 뒤에서 얼굴 없이 도움을 준 선생님들, 아이들이 가진 꿈을 활짝 펼칠 수 있도록 배려하고 사랑하는 선생님들이 이렇게 시퍼렇게 살아 있는데 누가 감히 '교실 붕괴'를 말할 수 있을까? 누가 감히 '학교는 죽었다'고 말하겠는가?

(정토신문, 2003년)

기분 좋은 날

얼마 전의 일이다. 회의가 있어 늦지 않으려고 허겁지겁 운전하고 주차장에 차를 세우는데, 아뿔싸! 이게 웬일인가? 차 키를 꽂아 놓은 채 문을 걸어 잠그고 내린 것이다. 이게 어디 한두 번인가? 그때마다 가까운 차량정비업소에 전화를 걸어 한참을 기다렸다가 잠금 장치를 풀곤 했다. 그것도 출장비를 주면서 말이다. 이번에도 어쩔 수 없구나 하면서 전화를 걸려는 순간, 언젠가 후배로부터 들은 얘기가 불현듯 떠올랐다. 가까운 파출소에 연락하면 금방 와서 잠금 장치를 풀어준다는 말이 생각 나 긴가민가하면서 근처 파출소로 전화를 걸었다. 전화기에서 들려오는 목소리는 친절하다 못해 상냥스럽기까지 했다. 사연을 주섬주섬 얼버무리는데 그쪽에서는 벌써 알아차렸는지 나의 위치를 확인하고는 금방 출동하니 잠시만 기다려 달라면서 오히려 그쪽에서 미안하다는 투로 얘기하는 게 아닌가?

전화를 끊고 기다리면서 나는 잠시 혼란스러울 수밖에 없었다. '순경' 하면 우는 아이 울음도 뚝! 그치게 하던, 두려움과 공포의 상징이 아니던가? 더군다나 그 험악한 80년대를 민주화 운동의 말단에 서서 지켜보아 온 나에게 경찰이란 존재는 아직도 탄압과 공포의 전형으로서, 아닌 말로 파출소 쪽으로는 오줌도 누기 싫어하지 않았던가? 그런 경찰이 어처구니없는 내 실수로 저질러진, 그것도 아주 하찮은, 차의 잠금 장치를 풀어주기 위해 내게로 온다는 것이다. 혹시나 잠금 장치를 풀어주고는 서류를 꾸며야 하니 잠시 동행해야 한다며 괜히 시간을 뺏지나 않을까? 그렇다면 내가 부질없이 전화를 한 건 아닐까?

혼자서 이런저런 생각을 하고 있는데 10분이 채 못 되어 순찰차가 도착하더니 경찰은 마치 구면인 것처럼 "아, 죄송허우다. 다른 데 갔다 오다 보니 좀 늦어졌수다. 차는 어느 거우꽈?" "…이 찹니다."

"야— 액센트, 이거 차 문 따기 제일 힘든디…." 하면서 기다란 쇠자 같은 것을 문틈으로 집어넣더니만 "됐습니다. 정말 재수가 좋습니다. 경헌디 선생님, 저 모르겠습니까?" "……."

"저, 선생님 제잡니다. 선생님, 바빠서 이만 가보겠습니다." 하면서 인사를 하고는 서둘러 차에 타는 게 아닌가? 다음에 이런 일이 생기면 바로 전화를 달라는 말을 남긴 채 말이다.

나는 고마움과 미안함이 교차되면서도 마음속으로부터 따뜻한 그 무엇이 꿈틀거리며 올라오는 것을 느낄 수 있었다. 민중의 지팡이임을 확

40 휫파람 부는 날이면

인할 수 있었던 고마움과 더불어 제자를 알아보지 못한 미안함이 한동안 나를 그 자리에 서 있게 만들었다. 순찰차가 내 시야에서 완전히 사라질 때까지 나는 흡족한 표정으로 지켜보았다. 발걸음을 옮기면서 생각해본다. 내가 만난 건 고마운 제자가 아니라 친절한 경찰이었다고. 그리고 마음속으로 다짐해본다. 조만간에 그 친절한 경찰에게 전화를 하리라. 가능하면 삼겹살을 가운데 놓고 소줏잔이라도 기울이리라. 지난날의 안부도 함께 물으리라.

(정토신문, 2002년)

내일을 살기 위하여

스님.

지난 토요일 오후에는 탑동에 있었습니다. 가을 바다가 그리워서가 아닙니다. 화순항 해군기지 결사반대 도민대책위원회 결성식이 그곳에서 열리고 있어서 작은 힘이지만 함께 해야겠다는 생각에서였지요. 시청을 출발한 대열에는 화순에서 감귤 농사, 콩 농사로 한창 바쁜 철임에도 불구하고 손자 손녀를 등에 업고 나온 할머니 할아버지들이 머리에 '결사 반대' 띠를 두르고 어설프게 구호를 외치면서 탑동으로 들어섰지요.

스님.

누가 이들을 거리로 내몰고 있는 것일까요? 밭에서 땀 흘리며 일을 하고 있어야 할 그 시간에 누가 이들에게 머리띠를 두르고 구호를 외치게 하고 있는 것일까요?

　화순항에 해군기지라니요? 지금 155마일 비무장지대에서는 반세기가 넘도록 에둘러진 철책선을 걷어치우고 동해선과 경의선을 복원하려는 망치소리가 요란한데 우리나라의 최남단, 그것도 부족해 한라산의 남쪽 끝에 군사기지라니요?

　시위 대열 말석에 앉아 있는데 어떤 여성이 단상에 올라 성토를 하더군요. 만약 화순에 군사기지가 들어서고 미군이 그 기지를 빌려쓰겠다고 국방부에 요청하면 우리 정부가 안 된다고 거절할 수 있겠냐고. 그렇게 된다면 얼마전 경기도에서 미군의 장갑차에 치여 어이없이 죽어간 것처럼 제2의 미선이 효순이가 제주에서 나지 말란 법이 어디 있냐고 울분을 터뜨렸지요. 그리고 지난 2월 군산 매매춘 건물에 불이 나 15명의 꽃다운 여성이 감옥 같은 방에서 죽어갔는데 그 중에 두 명이 제주 사람이었답니다. 군사기지가 들어서면 오천 명이 주둔하게 되는데 군부대 주변의 환경은 불을 보듯 뻔한 게 아니냐며 목소리를 떨더군요.

　스님.

　화순해수욕장에 가 보신 적이 있는지요? 얼마나 아름답습니까? 백사장이 펼쳐지면서 그 뒤로 소나무숲이 우람하고 멀찍이 우뚝 솟은 산방산, 그리고 용이 바다를 향해 나가다 잠시 멈춰선 듯한 용머리, 그 앞으로는 다정하게 마주보고 있는 형제섬, 그 뒤로 아스라이 보이는 송악

산, 그리고 가파도와 마라도. 그 아름다운 곳에서 화순 사람들은 비록 버겁지만 오순도순 바다밭을 일구며 살아가고 있지요. 그런 수려한 자연 경관에 군사기지라니요? 제주를 평화의 섬으로 만들자는 목소리가 그 어느 때보다 드높은데, 그 지역 사람들이 반대하고 전 도민이 반대하는데 군사기지라니요?

스님.

기억하시는지요? 송악산 군사기지를 지역주민과 도민의 힘으로 저지했던 일 말입니다. 그때는 지금만큼 시민 사회 단체가 많지도 않았지요. 그럼에도 불구하고 우리는 해내지 않았습니까? 물론 지난한 싸움이라는 걸 모르는 바 아닙니다. 힘을 모아야지요. 함께 해야지요.

스님.

자연경관은 선조들로부터 물려받은 것이 아니라 후손들에게 잠시 빌린 것입니다. 그러기에 우리가 해야 할 일은 자연 그대로 우리의 후손에게 돌려주는 일이겠지요. 이건 선택의 문제가 아닙니다. 사명이지요. 내일을 살기 위하여 오늘 우리가 반드시 지켜야 할 약속입니다. 화순항을 지키고자 하는 힘겨운 싸움은 지금부터가 시작입니다.

(정토신문, 2002년)

나는 조선을 버릴까 한다

오래 전의 일이다. 민족문학작가회의 정기총회가 있어 서울길에 올랐다. 그 자리에 가면 모처럼 동료문인들을 한꺼번에 만날 수 있어 가능하면 빠지지 않으려고 노력하는 편이다. 총회에 앞서 시인 고은 선생이 기조 강연을 하셨는데 제목은 잘 기억이 나지 않는다. 다만 강연 내용 중에 "일제말에 춘원(春園) 이광수는, '나는 조선을 버릴까 한다' 라는 제목의 글을 쓴 바가 있다."고 소개하면서 민족 또는 민족주의라는 말은 이미 시대에 뒤처진 말이나 지금처럼 천민자본주의가 제3세계를, 패권주의가 약소국가를 떡 주무르듯 하는 세상에선 아직도 '민족' 은 유효하며 우리가 반드시 지켜야 할 아름다움의 최고선이라고 말씀하시는 걸 듣고 숙연했던 기억이 있다.

'나는 조선을 버릴까 한다.'

이 얼마나 가벼운 그러나 무서운 표현인가? 1930년대 춘원의 눈에는 이미 조선은 사라졌으리라. 아니 마땅히 사라져야 하는 게 순리였으리라. 그럼에도 불구하고 조선의 운명이 사라지지 않으니 그가 먼저 선언하고 나선 것이다. 사라지지 않는 조선을 보면서 춘원이 먼저 자신의 조국인 조선을 버린 것이다. 그러나 춘원의 바람과는 달리 조선은 사라지지 않았다. 춘원은 조선을 버렸지만 조선은 결국 살아남았고 버려진 건 오히려 춘원 자신이었다.

역사의 준엄함을 모르는 한 지식인의 말로를 우리는 춘원에게서 배운다. 그러나 안타깝게도 반세기가 지난 지금 이 시점에서도 역사의 준엄함을 망각한 이들이 있는 것 같아 무척이나 참담하다. 안보의 논리만이 평화를 지킬 수 있다는 허무맹랑한 역사인식이 그 한 가지요, 한·일 월드컵이 열린 마당에 일제 잔재 청산이 무슨 의미가 있냐는 식의 몰역사적인 사고 방식이, 그것도 지식인 사회에 적지 않게 도사리고 있다는 것이 그 두 번째이다. 전자는 화순항을 해군기지로 개발해야 한다는 논리이고, 후자는 제주와 아무 연고가 없는 친일음악인 이흥렬의 〈섬집아기〉 노래비를 제주도에 세워야 한다는, 논리 아닌 우격다짐이 그것이다.

요즘 들어 별의별 생각을 다 하게 된다. 이른바 '화순항 해군기지'와 '섬집아기' 문제는 언론을 통해 시시때때로 보도된 바 있다. 그런데 이 땅의 지식인들은 왜 이리도 잠잠한가? 제주를 평화의 섬으로 가꾸어야 한다고 목청을 높이던 이 땅의 먹물들은 왜 화순항 해군기지 반대에 대해선 이토록 침묵으로 일관하는가? 우리의 전통문화를 가꾸고 살려야 한다던 사람들은 섬을 상징하는 마땅한 민요비 하나 없는 이 땅에, 제주와 아무 연관이 없는 친일음악인의 노래비를 세우겠다는 언어도단에 대해 왜 이다지도 모르쇠인가? 우리의 전통문화를 파괴하고 왜곡한 장본인이 바로 일제요, 식민지시대였음을 아직도 모르고 있는 것인가, 아니면 모른 척하는 것인가?

도저한 역사의 흐름을 망각한 춘원 이광수처럼, 그네들도 혹시 이런 한 마디를 가슴 깊이 간직하며 살아가고 있는 건 아닐까?

'나도 제주를 버릴까 한다.'

(정토신문, 2002년)

나를 슬프게 하는 것들

 선거가 끝나고 한 달이 지났는데 아직도 지역 언론의 하단을 빼곡이 채우고 있는 당선자를 위한 축하 광고가 나를 슬프게 한다. 당선자들의 얼굴이 나를 슬프게 하고, 그 밑을 가득 채우고 있는 별의별 단체들의 거룩한 이름이 나를 더욱 슬프게 한다.

 지난 6월 한 달을 뜨겁게 달군 태극전사들. 세계를 놀라게 한 그네들에 대해, 놀라게 한 순서에 따라 세 등급으로 구분해 포상 금액을 달리하겠다는, 그야말로 한국식 성과급 발상이 나를 슬프게 한다. 단 한 번도 기회가 주어지지 않아 태극마크를 달고서도 벤치를 지켜야만 했던 대기 선수들의 쓰라린 마음고생은 아랑곳하지 않고 눈에 보이는 가시적인 성과에만 목숨을 걸게 만드는, 그런 아이디어를 짜내고야 마는 비상한 발상과 그 두뇌들이 나를 무척이나 슬프게 한다.(결국은 여론에

밀려 균등하게 지급되었지만)

월드컵 열기로 온 국민이 넋이 나가 있던 지난 6월 13일, 경기도 양주군. 친구의 생일을 축하하기 위해 집을 나섰다가 미군 2사단 공병대 소속 장갑차에 치여 불귀의 객이 된 열네 살짜리 여중생 신효순, 심미선의 죽음이 나를 슬프게 한다. 이 사건에 대해 같은 부대 소속 메이커 소령이 말한, "사건 조사 결과, 그 누구도 책임질 만한 죄가 없는 것으로 결정됐으며, 사고를 낸 미군 운전병은 조사를 받지 않고 정상적인 영내 생활을 하고 있다."는 공식 발표가 이 땅에 태어난 나를 서럽도록 슬프게 한다. 상황이 이런데도 불구하고 꿀 먹은 벙어리마냥 일언반구 없이 모르쇠로 일관하는 '대한민국'이 나를 너무나 슬프게 한다.

교육인적자원부가 또 나를 슬프게 한다. 거기서 시달한 체벌 지침에 따르면, 초·중학교는 지름 1cm, 길이 50cm의 나무, 고등학교의 경우 지름 1.5cm, 길이 60cm 이내의 나무로 하되 여학생은 허벅지, 남학생은 엉덩이를, 초등학생은 5회 이내, 중·고등학생은 10회 이내 때릴 수 있다는, 너무나도 구체적이고 너무나도 기발한 체벌 규정이 나를 우울하고 슬프게 한다. 대망의 21세기가 열린 이즈음에, 국제화 세계화를 입술이 마르고 닳도록 부르짖는 이 시대에, 교육인적자원부에서는 학생들을 체벌할 회초리 사이즈와 체벌 부위에 대해 연구에 연구를 거듭

하고 있었으니 이 아니 슬퍼할 일이겠는가? 혹시 또 모를 일이다. 정부에서 제작·보급하는 회초리는 국정 회초리이고, 학교에서 선생님이 손수 제작한 회초리는 검인정 회초리가 되는 건 아닌지…. 또 우리 학생들은 가방 속에 줄자를 넣고 다니면서 선생님이 회초리를 들 때마다 국가에서 고시한 규격에 맞는 회초리인지 아닌지를 확인하는 세상이 오는 건 아닌지….

하루하루 살아간다는 게, 살아 있다는 게 나를, 우리를 참으로 슬프게 한다.

(정토신문, 2002년)

'단란'의 의미

 흔치 않은 인연으로 지난 2월부터 우리 집에는 미국 사람이 함께 살고 있다. 보스턴이 고향인 그녀는 그곳에서 대학을 졸업하고 세계 여러 나라를 돌아다니면서 그 나라의 전통과 문화를 배우고 그곳 사람들이 살아가는 모습을 직접 체험하고 싶어서 원어민 교사를 자원하게 되었고, 그런 인연으로 제주에 오게 되었는데 어쩌다가 우리 집에서 홈스테이를 하게 된 것이다. 식구 이외의 사람들과 같이 지내본 경험이 없는 우리로서는 잠시 주저하기도 했지만 우리 또한 그녀의 생활을 통해서 무언가 배울 점도 있으리란 생각에 어려움 없이 받아들이게 되었다.
 우선 고민이 되었던 것은 식사를 어떻게 준비할 것인가 하는 점이었는데, 한 마디로 쓸데없는 기우에 불과했다. 며칠 지내면서 느낀 것은 우리가 그녀를 위해 별달리 준비할 필요 없이 그녀가 우리의 일상 식단을 자연스럽게 받아들이더라는 것이다. 그녀는 맥주보다는 막걸리를,

피자보다는 빈대떡을, 햄보다는 순대를 먹고 싶어했다. 완전히 뒤바뀐 셈이다. 우리 아이들은 피자와 햄버거를 먹고 싶어할 때 그녀는 된장국을 좋아했고, 커피보다 녹차나 시원한 식혜를 더 좋아했다. 우리네 청소년들이 뜻도 모르는 팝송과 브레이크 댄스에 탐닉하고 있을 때 그녀는 '아리랑'을 부르면서 태권도를 부지런히 배웠다.

특히 그녀는 제주 사람들의 가족사랑을 부러워했다. 미국은 전혀 그렇지 않다는 것이다. 가족 관계에 있어서도 '너는 너, 나는 나'일 뿐 그 이상도 이하도 아니라는 점을 얘기하면서 살아있는 부모만이 아니라 죽은 조상의 기념일을 기억하는 우리들의 풍습이 너무도 아름답다고, 그게 바로 살아가는 의미이자 행복이라고 목에 힘을 주었다.

그러던 어느 날, 우리말을 한창 배우려고 노력하는 그녀가 "단란이 무슨 뜻이에요?" 하고 물었다. 느닷없는 질문에 당황하고 있는데, 그녀는 진지하게 말을 이었다. 길거리를 돌아다니다 보면 거리마다 단란, 단란, 단란…. 가는 곳마다 '단란'이라는 말이 있는데 그 '단란'이 무슨 뜻이냐는 것이었다. 두 집 걸러 있는 단란주점의 간판을 보고 궁금해서 물었던 것이다. 분명 '단란하다'에서 온 말일 터인데 영어가 짧은 탓에 금방 떠오르질 않아 한영사전을 뒤져보니 'happy'라고 풀이되어 있었다.

그 부분을 보여주자 그녀가 탄성을 지르면서 무릎을 쳤다. 바로 이거라고, 정말 행복한 가정, 행복한 나라에 걸맞다면서 그런 단란한 집에 한번 데려가 달라는 것이었다. 나는 갑자기 얼굴이 화끈거리고 쑥스러워 더는 설명을 하지 못했다. 세월이 약인지 그녀는 더 이상 그 단란한 집에 같이 가자는 얘길 하지 않았다.

   그녀는 제 나라로 떠났지만 길거리에 즐비한 단란주점을 볼 때마다 가만히 생각해본다. 우리의 가정은, 우리의 이웃은, 우리의 나라는 정말 단란한가? 정말 단란한가?

(정토신문, 2002년)

우물에 관한 추억

어릴 적 내가 살던 집에는 우물이 하나 있었다. 수도가 있긴 했지만 나는 우물이 더 좋았다. 내 또래 아이들의 집에는 우물이 없었기 때문에 우물가는 자연스레 동네 놀이터가 되었고 그 우물이 우리 집에 있다는 이유만으로 나는 골목대장은 아니었어도 대장의 비호 아래 놓여 있었다.

또래들과 더불어 정신없이 놀다가 흘린 땀을 식힐 때쯤이면 으레 우리는 우루루 우물가로 몰려들었다. 누가 먼저랄 것도 없이 옷을 홀라당 벗고 자기의 그것은 한 손으로 가리고 나머지 한 손으로 남의 그것을 가리키며 키득거렸고 두레박 가득 물을 떠다가 머리에서 발끝까지 뒤집어쓰곤 했다. 아무리 무더운 여름도 우물물의 시원함을 당해내진 못했다. 그러다가 동네 어른들이 오면 우리는 슬며시 자리를 내주고는 등목이 끝나기를 기다렸다가 잽싸게 달려들어 다시 물장난을 치곤 했다.

달밤이면 동네 아주머니들이 우리 집 우물가에서 등목을 하곤 했는데 우리는 돌담 구멍 사이로 침을 흘리며 구경을 하곤 했다. 숨 넘어가는 소리조차 들리지 않았다. 그러다가 우리가 있음을 눈치 챈 아주머니들이 두레박 물을 치대기면 우리는 혼비백산 흩어지곤 했다.

우물 옆에는 작은 평상이 하나 놓여 있었다. 여름철이면 하루 세 끼를 그곳에서 해결했는데, 특히 무더운 여름날 평상에서 먹는 점심은 잊을 수가 없다. 부르지도 않았는데 동네 아주머니들이 상치, 오이, 풋고추 등속을 들고 와 합석을 한다. 점심 때마다 조그마한 동네 잔치가 벌어지는 것이다. 어머니는 우물물을 길어다 오이냉국이며 우미냉국을 맛있게 만들어 대접했다. 그리고 우리들에겐 사카린으로 단맛을 낸 보리개역을 타 주었다. 식사가 끝나면 우리는 다시 바다로 나가 놀았고 어른들은 평상에 누워 낮잠을 즐기곤 했다.

그러던 어느 날 장맛비가 잠깐 멈춘 사이에 우리는 자연스레 우물가에 모였다. 우물 안에서는 개구리 울음소리가 쉼 없이 들려오고 있었고, 우물물도 비에 많이 불어 있었다. 갑자기 우물에 들어가 보고 싶었다. 자존심 내지는 용기가 필요한 순간이었다. 내가 들어가겠다고 자진을 하고는 아이들이 잡아주는 두레박을 타고 조심조심 내려갔다. 너무 긴장한 탓일까? 그만 손을 놓치고 말았다. 우물에 빠진 것이다. 아마 내가 죽음을 머릿속에 떠올린 최초의 사건이 아니었나 싶다. 아이들의 도움으로 무사히 올라오긴 했지만 우리 부모님은 아직도 내가 우물에 빠진 적이 있다는 사실을 모르신다. 우리끼리 비밀에 부치기로 했고 그 약속은 지금까지 지켜지고 있으니까.

  몇 년이 지나자 아이들은 우물가에 잘 모이지 않았다. 돌이켜보면 그때가 아마 아랫도리에 검고 까칠까칠한 거웃이 돋아날 즈음이 아니었나 싶다. 홀라당 벗지 않고 삼각팬티를 입은 채 우물물을 지칠 무렵, 시나브로 우물물이 마르기 시작했다. 어르신들은 평상에 앉아 하시는 말이 "원래 한라산은 영산인디, 저놈의 호텔이 꼭 비석 모양으로 들어서는 바람에 한라산이 무덤이 되어분 형상이 아니라? 저놈의 호텔에서 물을 마구잡이로 끌어당 써부니까 우물이 마르는 거 아니라게." 라고 혀를 차면, 옆에서 듣던 어른은 "그도 그주만 바당을 메왕 매립을 허기 시작헌 이후로 물이 마르기 시작헌거라. 바당을 메왕 육지를 맨든다는 게 도대체 말이나 되어? 저주받을 일이라. 망허는 꼴을 보젠 험이주." 하시면서 먼산바라기를 하시곤 했다. 아니나 다를까 몇 해 지나지 않아 우물은 바싹 말라버렸다. 또래 아이들도, 동네 어른들도 우물을 찾지 않았다. 아버지는 어디서 구해왔는지 낡은 함석판으로 우물을 덮어버렸.

  이제 내가 그때 아버지의 나이만큼, 내 아이들은 그때의 내 나이만큼의 세월이 흘렀다. 가끔 그 집을 가면 아직도 우물은 녹슨 함석을 뒤집어쓴 채 그대로인데 내 아이들은 옆을 지나치면서도 그게 무엇인지조차 묻지 않는다. 아마 우물도 모든 걸 잊을 만큼 세월은 흘러왔고 세상 또한 변해버린 탓이리라.

(삶이 보이는 창, 2002년)

2부
맺힌 것은 풀어야 한다

숨어 사는 외로움

그러니까 보길도를 찾았던 게 언제였더라. 그렇지. 그곳에서 대구지하철 참사 소식을 접했으니 지난 2월말 즈음이었지. 고산 윤선도가 음풍농월했다는 세연정이나 낙서재도 좋고, 보길도의 산과 바다를 한눈에 내려다 볼 수 있는 옥소대도 좋고, 공룡알처럼 동골동골한 먹돌이 지천으로 깔려있는 뽀리기 해안도 그만이지만 거기 사람 하나 있어 꼭 가보고 싶었지. 언젠가 시 쓰는 이원규로부터 이야기를 듣고 그 사람 사는 모습이 늘 궁금했었다. 그의 글 「보길도에서 온 편지」를 받아 읽고는 전화를 걸어 한번 찾아가겠노라 했었지. 그와 함께 사는 봉순이도 보고 싶고 부용이도 보고 싶었지. 검은 새끼 염소도 물론 보고 싶었어.

돌이켜 보면 나는 숨어 살기 위해 섬으로 왔습니다.
그러나 섬도 숨어 살 곳은 아니었습니다.

새삼스러운 이야기지만 세간을 떠나 사람 몸 숨길 곳이 지상에는 없습니다.
세상 속에, 사람들 속에 숨어 살며 또 한 시절 건너왔습니다.

그날이 제삿날이었지 아마? 부부가 정성으로 마련한 음식을 사이에 두고 우리는 마치 오래 전부터 알고 지내온 사람처럼 흉허물없이 술잔이 오갔지. 세상살이에 대해 말을 건네면서 잔도 함께 건네고, 사람살이에 대해 얘기를 들으면서 잔도 함께 받았지. 노화도라 했던가? 그곳에 산다는 친구들이 찾아와 합석을 하면서 우리는 굴 양식, 전복 양식, 김 양식에 대해, 보길도에 들어설 예정인 댐에 대해 시간 가는 줄 모르고 이야기꽃을 피웠지. 뱃길이 이미 끊겼을 텐데 비좁지만 새우잠이라도 같이 잡시다, 하는 말에 택시만 콜이 있는 게 아니라 배도 콜이 있다는 사실을 나는 그제서야 알았어. 지금도 입안에 군침이 도는데 그때 먹었던 텃밭에서 캐온 겨울배추며 굴전이며 김치찌개의 맛이라니!

다음날 아침, 쓰린 속을 달랠 겸 아무도 없는 찻집에 들어갔는데, 우와, 벽을 가득 메운 책들과 음반 CD들. 잔잔한 음악을 틀어놓고 찻물을 끓이는데, 보글보글 끓고 있는 물소리가 점점 커지면서 이명처럼 들려오는 거 있지? '바보 같은 놈, 바보 같은 놈, 바보 같은 놈…'

발걸음을 옮길 때마다 뒤따라오는 삐걱소리를 뒤로 하고 찻집에서 나와 세연정 가는 숲길을 걸었지. 나를 저만치 놔두고 나 아닌 나만 데리고 쫓기듯 살아온 지난날을 세차게 후려치면서 말이야. 이렇게 살다

간 나를 영영 잃어버리는 건 아닌가 하는 두려움이 아침 찬바람보다 먼저 나를 휘감더군. 가다가 흠칫 놀라 걸음을 멈췄지. 세연정이 저만치 보이는 숲길 한가운데에 백로로 보이는 새 한 마리가 싸늘하게 누워있더군. 어제 저녁 이 길을 걸었을 때만 해도 보이지 않았던 죽음 하나가 지금 내 앞에 너무도 선명하게 드러누워 있는 게 아닌가. 그날 보길도의 이곳저곳을 돌아다녔는데 기억 속에 남아 있는 건 오직 하나. 그 새의 죽음, 그뿐이었지.

　나는 왔던 길을 되짚어 내가 사는 섬의 일상으로 돌아왔고 새의 죽음과 함께 그 섬도 잊고 지내다가 언젠가 신문에서 그 섬을 다시 만났지. 숨어 살기 위해 그 섬에 들어왔다던 그가 그 섬에 세워질 댐을 온몸으로 막기 위해 죽음을 직면한 단식을 스무 날이 넘게 하고 있다는 기사를 보게 된 것이야. 신문을 보는 순간, 한동안 잊고 지냈던 새의 죽음이 다시 떠오르는 거야. 그 무렵 내가 할 수 있는 일이란 고작 그의 홈페이지에 들어가 그 외로운 싸움을 지켜보는 것 외엔 아무 것도 없었지.

　내가 다시 그를 만난 건 그가 온몸으로 댐 건설을 저지하고 요양하러 갔다는 소식을 접하고는 그에게 전화를 걸었을 때였어. 그가 전화를 받은 곳은 다름 아닌 내가 사는 섬이었지. 아무도 모르게 여기 왔다는 거야. 술 대신 깨죽과 차 한 잔을 가운데 두고 몇 마디 하지 못하고 우리는 헤어졌지. 그리고 그를 다시 만난 건 보길도에서 보내온 두 번째 편지를 통해서였지. 그 책갈피에 이런 글이 실려 있더군.

가난하게 사는 것이야말로 나눔 이전의 나눔이며, 가장 큰 나눔의 실천입니다. 나눔이 무소유의 소극적 실천이라면 자발적 가난은 적극적 실천입니다. 역설적이지만 모두가 가난해지려고 노력할 때, 이 세계의 모든 가난은 끝나게 될 것입니다.

(한겨레21, 2004년)

책 읽지 맙시다

　지역에 있는 방송국에서 일주일에 한 번씩 책을 소개하는 프로그램을 맡아 진행한 적이 있다. 4년 넘게 하다가 얼마 전에 프로그램이 개편되면서 그만두게 되었는데, 처음 그 프로그램을 제안받았을 때는 대수롭지 않게 생각했다. 하루치 분량이 7분 가량이어서 책 내용의 일부를 소개하고 책에 대한 느낌을 간간이 섞다보면 시간이 금방 지나 별 부담이 없기 때문이다.
　그런데 1년이 지나면서 방송을 준비하는 시간은 즐거움이 아니라 차라리 고통으로 내게 다가왔다. 한 마디로 밑천이 바닥을 드러내고 만 것이다. 1년 동안은 어찌어찌 읽은 책의 기억을 되살려 방송을 해왔는데, 빈약한 독서량이 바닥을 드러내자 일주일에 한 권씩 읽지 않으면 안 될 지경에 이르렀다. 핑계를 둘러대면서 그만두고 싶다는 의사를 담당 PD에게 전달했는데 오히려 그쪽에서 난색을 표하면서 특별한 사정이 없는 한 중도에 바꿀 수 없다는 것이다. 마음의 양식을 위한 책읽기가 아니라 자의반 타의반 어정쩡한 책읽기가 될 수밖에 없었다. 시간에 쫓기다 보니 분량이 작은 시집이나 간단한 산문집에 손이 자주 갔다. 시집을 자주 소개하는 속사정을 아는지 모르는지 담당 PD는 아무리 시인이지만 다른 장르의 책도 좀 소개해 달라고 핀잔을 준다. 도저히 자신이 없어 그만둘 기회를 호시탐탐 노리고 있었지만 가끔 내가 가르치고 있는 학생들이나 나를 알고 있는 사람들이 방송 잘 들었다며 책제목을 물어오는 것이 격려라면 격려가 된 셈이었다. 방송을 하면서 책읽기가 생활의 중심에 자리잡는 것이 얼마나 어려운 일인지 절실하게 깨닫고 있었다.

방송 때문이었을까. 그 무렵 책읽기와 관련된 강연을 해달라는 부탁을 받곤 했다. 별로 할 말이 없으니 다른 사람에게 부탁하는 것이 어떠냐고 둘러대 보지만 거절하는 것도 한두 번이지 좁은 지역에 살다보면 괜히 빼기는 게 아니냐는 오해를 받기도 하는 터라 참석하지 않을 수 없다.

무슨 주부독서모임이었다고 기억된다. 강연이 끝날 시간이 되면 질문이란 걸 하는데, 대체로 집에 아이가 책을 전혀 읽지 않는데 어쩌면 좋겠냐는 내용이거나, 지금까지 읽은 책 중에서 가장 감명 깊은 책을 물어볼 때가 있다. 두 가지 다 내겐 벅찬 질문이다. 우선 후자를 생각하면 딱히 꼬집어 얘기할 만한 책이 내겐 없다. 감동을 주는 책이란 연령에 따라, 놓여진 상황에 따라 달라질 수밖에 없다는 게 내 생각이다. 그래도 가장 기억에 남는 책을 이야기해 달라면 나는 초등학교 5학년 때 담임선생님으로부터 선물 받은 『어린 왕자』를 말하곤 하는데, 그 반응이 영 개운치가 않다. 고작 그 정도냐는 분위기다. 한 권을 더 들라면 나는 으레 허먼 멜빌의 『백경』을 꼽곤 한다. 그 무렵 내가 살던 집에서 한 달음에 달려가면 드넓은 바다가 펼쳐져 있었는데 바다는 그야말로 미지의 세계였다. 저 수평선 어디쯤 수많은 바다새를 거느린 모비딕이 틀림없이 나를 기다리고 있을 거라는 망상에 사로잡히곤 했다.

아이가 책을 잘 안 읽는데 어떻게 하면 좋겠냐는 질문을 받으면 염치 불구하고 되려 내가 되묻곤 한다. "집에서 아이들과 함께 책 읽어보신 적이 있나요?" "없다구요? 그래서 아이들이 책을 안 읽는 겁니다. 오늘부터 한번 읽어보세요. 아마 아이들도 따라할 걸요?" 하고 말이다. 그리고는 돌아서서 칠판에 '책 읽지 맙시다.' 라고 쓰고는 주섬주섬 말을 이어갔다. 요즘은 책읽기 자체도 아이들에게는 즐거움이 아니라 스트레스가 되어버린 듯하다. 책읽기와 관련한 어린이 학원이 한 집 걸러 있는 형편이고 학교에서도 학년별 필독서니 권장도서니 하면서 들들 볶아대고 있는 형편을 잘 알고 있기 때문이다. 강요된 독서로 아이들을 곤혹스럽게 할 게 아니라 그 시간이면 집밖으로 뛰쳐나와 책보다 더 구체적이고 책보다 더 아름다운 세상에 눈길을 주라고 말한다. 아파트 어귀에 있는 붕어빵 아줌마와 나누는 이야기가 책보다 훨씬 낫다. 모였다 흩어졌다 하면서 여러 가지 모양을 만들어내는 구름에게 한 마디 건네는 것이 책보다 훨씬 소중하다. 바람 부는 바닷가에 서서 바다가 펼쳐 놓은 책 아닌 책을 눈에 진물이 나도록 바라보라, 하며 거품을 물었던 적이 있었다.

  말도 안 되는 소리를 지껄여서일까. 두 번째 강좌를 며칠 앞두고 전화가 걸려 왔다. 안 와도 좋다고. 사정이 생겨서 자체 진행을 하기로 했다고.

(한겨레21, 2004년)

버림받은 책

이사를 자주 다녀본 사람은 안다. 책이라는 것이 얼마나 애물단지인지 말이다. 지금은 자주 눈에 띄지 않지만, 한 이십 년 전만 해도 학교 교무실을 찾아오는 단골손님 중에 월부 책을 팔러 오는 사람들이 있었다.

초임 교사 시절 나는 읍 소재지에 있는 고등학교에서 국어를 가르치고 있었는데 교무실에 월부 책장사가 들어와 기웃거리면 동료 선생님들은 으레 턱짓으로 나를 가리키곤 하였다. 그 사람들이 들고 온 봉투 속에 들어있는 것은 주로 세계문학이나 한국문학 광고지가 대부분이어서 나를 지목했거나 아니면 아무 물정 모르는 초임이라 상대하기 귀찮은 외부 손님을 떠넘겼는지는 몰라도 나는 그때마다 얼마나 당혹스러웠는지 모른다. 지금도 그렇지만 남의 사정이나 부탁을 딱히 거절하지 못하는 성격이라 몇 번을 거절하다가도 끝내 돌아가지 않고 버티고 서 있으면 그만 꼬리를 내리고 만다. 결국 책을 구입하고 동료 선생님들과 퇴근길에 한잔 하게 되면 불 난 집에 부채질이라도 할 심산으로 내게 한 마디씩 건네곤 했다.

"이봐, 책을 안 사면 월부 책장사들이 속으로 뭐라고 하는 줄 알아?"

"글쎄요…."

"쫀쫀한 놈."

"……."

"책을 사면 뭐라고 하는 줄 알아?"

"글쎄요…."

"병신 같은 놈."

"……."

나는 늘 병신 같은 놈이었다.

그렇게 해서 구입하게 된 책만 대충 떠올려 보면 세계사상전집, 한국문화사대계, 제3한국문학전집, 사상계 영인본, 창작과비평 영인본, 1970년대 민주화운동전집, 씨올의 소리 영인본 등이 있다. 몇 년 사이에 나는 마치 고매한 인품의 소유자라도 된 듯했으며 비좁은 방안의 벽이란 벽은 층층이 쌓아올린 책으로 금세 무너져 내릴 정도였다. 평일에는 학교 근처에서 하숙을 하면서 지내다가 밀린 빨래를 들고 술벗을 찾아 집으로 돌아오는 주말이면 그 책 덕분에 언제나 무사히 넘어갔다. 술벗들과 어울려 코가 비뚤어지게 마시고 해가 중천을 넘어서도록 잠을 자는 아들을 보면서도 어머니는 크게 타박하지 않으셨다. 저렇게 많은 책을 봐야 하는 아들이 얼마나 고민이 많을까 하는 염려스러움으로 늘 나를 대하곤 했으니 말이다. 돌이켜 생각해보면 그 무렵 나 또한 책에 대한 허영심이 있었던 것 같다. 겉으로 드러내진 않았지만 빼곡이 들어선 책무더기를 볼 때마다 누군가 찾아와 봐주길 은근히 바랐고, 가끔 친구가 찾으면 마치 이름 있는 작가나 학자의 사진에 나오는 한 장면처럼 책을 배경으로 얘기하기를 즐겨했으니 말이다. 고백컨대 나는 그 책들의 대부분을 읽지 않았다. 필요에 따라 일부분만을 읽었거나 아니면 방바닥을 뒹굴다가 손에 잡히는 책이 있으면 듬성듬성 보았을 뿐이다.

그후 결혼을 하고 방 두 개짜리 사글세 집으로 이사할 때가 되니 이 책들이 골칫거리였다. 라면상자에 담아 가져가긴 했으나 꽂아놓을 공간이 없어 상자를 풀어보지도 못한 채 골방 한 구석을 차지하기 일쑤였고, 그나마 빛을 본 책들이 있다면 앉은뱅이 책상다리 대용으로 쓰이는 게 고작이었다.

요즘은 문단의 말석에 이름이 있어서인지 가끔씩 문우들이 펴낸 책을 보내주곤 한다. 대부분 시집들이지만 간혹 문학단체에서 발간한 책을 보내오는 경우도 있는데, 물론 관심이 가는 글은 놓치지 않고 읽는 편이지만 그렇지 않은 글들도 더러 있어 눈길 한번 받지 못하고 책장 구석자리에 틀어박히는 경우도 왕왕 있는 편이다. 아마 내가 보낸 책도 누군가의 눈길 한번 받지 못하고 책꽂이 구석에서 두툼한 먼지를 뒤집어쓴 채 초라하게 앉아 있으리라.

　언젠가 신경림 선생님으로부터 들은 이야기가 생각이 난다. 당신의 문청 시절, 첫 시집을 내고 용기를 내어 당시 내로라는 선배 시인에게 책을 보내고는 우연한 자리에서 그 분을 만나 당신 이름 석자를 대며 인사를 드리니 전혀 기억이 없다며 눈길도 제대로 주지 않더라는 얘기였다. 그후로 선생님은 집으로 배달되는 책은 무슨 일이 있어도 반드시 읽는다는 얘기를 듣고 달아오르는 부끄러움을 감춘 적이 있다. 정말이지 새겨 들어야할 이야기다.

(한겨레21, 2004년)

여수를 떠나며

 악양에 있는 박남준 시인의 집에서 차를 마시며 늑장을 부린 탓일까? 구례까지 나가 버스를 타고 여수에 가면 이미 제주행 비행기는 떠나고, 저만치 멀어지는 비행기의 뒷모습만 망연하게 바라봐야 할지도 모른다. 구례로 향하는 차 안에서 티는 낼 수 없지만 속마음은 그게 아니다. 때마침 전화가 걸려온다. 구례에서 여수 공항까지 유용주 시인이 직접 차로 데려다 준댄다. 아, 이렇게 고마울 수가. 차를 갈아타고, 시간이 어느 정도 걸릴 것 같냐고 물으니 소설 쓰는 한창훈이 조수석에 앉아서 한 시간이면 충분하다고 하는 말을 듣고 그제서야 마음이 놓인다.
 등받이에 머리를 기대니 쌓였던 피로가 한꺼번에 밀려온다. 스르르 눈이 감긴다. 오디오에서는 한동안 쥐어짜는 듯한 전인권의 노랫소리가 들려오는가 싶더니 전혀 다른 분위기로 바뀐다. 저 깊숙한 곳에서부터 낮고 느리게, 그러다가 온몸을 휘어 감는 듯한 첼로 연주소리가 들려온다. 처음 들어보는 음악이다. 그 방면에는 워낙 문외한인지라 무슨 음악이냐고 물으면 혹시 망신당하는 건 아닌가 하는 생각을 안 한 것도 아니지만 혹한 마음에 묻지 않을 수 없다. 연주자는 누구고, 작곡자는 누구고, 어느 나라 음악이고, 하면서 말을 잇는데 나는 그냥 고개만 끄덕인다. 모르니까. 음악은 쉼없이 계속된다. 때로는 바이올린으로 슬픔의 두레박을 건져 올리는 듯한 선율이다가, 때로는 비장하게 걸어가는 발걸음마다 북소리가 땅을 울리며 따라온다. 집에 있는 음반이라고 해봐야 월부로 구입한 세계 명곡 전집이 고작이고 차 안에서 듣는 음악이라고는 윤도현이나 안치환 정도인 내 빈약함을 헤아리기라도 한 것일까? 헤어지는 마당에 선물이라고 그 음반을 건넨다. 사양하지 않고 그냥 받는다.

한참을 가다가 차는 예정에 없이 좌회전을 한다. 허름한 건물이 눈에 들어온다. 차를 잠시 세우더니 한창훈이 말문을 연다. 이 건물이 소설 『홍합』의 무대배경이 되었던 곳이라고. 저 건물 안에서 수십 명의 아낙들이 모여 홍합 작업을 하면서 갯내음 물씬한 인생을 얘기하던 곳이라고. 건물 옆으로는 조그만 공간이 하나 있는데 그곳이 식당이었다고. 하루 일이 끝나면 너나없이 그곳으로 가서 하루의 노동을 씻어내기도 하고 울화통 터지는 얘기를 안주삼아 술잔을 들었다 놓았다 하면서 삿대질에 고함이 오가고 그러다가도 성님 아우님 하면서 언제 그랬냐는 듯이 화해주를 따라주던 곳이라고. 그 옆에는 아주 작은 쪽방이 하나 있는데 그곳이 자기가 묵었던 곳인데 거기서 잠깐 눈을 붙이고 새벽에 일어나 바다로 나가 홍합을 받아다가 하루에도 수십 번을 날랐다고. 띄엄띄엄 말을 이어가는 그의 눈매가 참으로 시리다.

차는 다시 큰길로 접어든다. 조수석에 앉은 그가 등을 구부려 무언가를 찾더니 가방 안에서 소주 한 병을 꺼낸다. 살짝 으깨어진 귤 한 덩어리도 함께 따라나온다. 어찌 이별주가 없을 수 있겠냐며 병째로 술을 건넨다. 그와 나 사이에 술병이 오간다. 이런 분위기에서 술을 마셔본 사람은 안다. 안주라는 것이 얼마나 하찮은 것인가를. 또한 사람과 사람 사이에 오가는 말이라는 것이 때로는 별 의미가 없다는 것을.

공항 입구에 도착하니 약간 여유가 있다. 그냥 헤어지기엔 아쉬운 것이다. 잠깐 옆길로 들어가 차를 멈춘다. 술병을 챙기고 내리는 것을 잊지 않는다. 해안선을 따라 눈길을 준다. 바다 저 건너편으로는 시커먼 연기를 내뿜는 굴뚝이 눈에 들어온다. 목구멍을 타고 내려오는 것은 차고 시원한데 내 눈앞에 펼쳐진 풍경은 차지도 시원하지도 않다. 차에서 같이 내린 유용주 시인이 저 멀리 보이는 산, 그 아래 마을에 대해 이야기를 꺼낸다. 저기가 어머니 고향이라고. 지금도 먼 친척 되는 사람이 저기서 중국집을 하고 있다고. 잠시 그의 책『그러나 나는 살아가리라』를 머릿속에 떠올려본다. 가끔 차들이 우리 곁을 스치고 지나간다. 이 길 끝닿은 곳에 나병 환자들이 요양하는 병원이 있다고 한다. 이 길을 오가며 흘렸을 저 바다만큼의 아픔과 눈물과 통한을 생각한다.

이제 헤어져야 할 시간이다. 몸 안에 들어간 차고 시원한 것이 확, 하고 달아오른다. 이별을 눈치챘나 보다. 만남이 있으면 헤어짐이 있고, 헤어짐이 있어야 다시 만날 게 아니냐며 가볍게 농을 주고받는다. 탑승구 안으로 들어선다. 비행기가 활주로를 박차고 오르면 어릴 적 고향이었던 거문도를 보며 정중히 인사하라던 그의 말이 생각나 발 아래를 본다. 점점이 섬들이 흩어져 있다. 마음은 조급한데 어느 것이 그 섬인지 나는 알 수가 없다.

(한겨레21, 2004년)

부도덕한 전쟁, 그 이후

　사실상 전쟁이 끝났다. 종전을 선언한 5월 1일, 그날은 미국 대통령 부시에게는 영원히 잊지 못할 날로 기억될 것이다. 그날 그는 전쟁을 마치고 걸프지역에서 본국으로 돌아가고 있는 미국 최고의 항공모함 에이브러햄 링컨 함상에 미 해군 소속 에스3비 바이킹 전투기를 타고 착륙했다. 전투기에서 내리는 그의 모습은 헬멧을 허리에 차고 전투복장을 완전히 갖춘 '전쟁국가'의 최고지휘관으로서의 위용을 전세계에 과시했다.

　그는 전쟁의 승리를 선언했고, 이번 전쟁을 해방전쟁이라고 했다. 그리고는 테러와의 전쟁은 여전히 계속되고 있음을 강조하면서 '테러단체와 관계가 있고 대량살상무기를 추구하거나 보유하는 어떤 무법국가도 문명사회의 중대한 위험이며 테러분자를 지원·보호·은신케 하는 개인이나 조직·정부도 테러범죄와 마찬가지로 유죄'라고 규정했다.

이러한 내용을 두고 미국의 언론들은 한결같이 '잘 짜여진 부시 쇼'라고 평가했다. 그럼 무엇이 잘 짜여졌다는 말인가? 우선 그는 종전 선언 장소를 전쟁을 승리로 이끌고 개선하는 항공모함을 택했다. 그것도 미국에서, 아니 세계에서 제일 큰 에이브러햄 링컨호를 선택함으로써 전세계에 미국의 힘을 과시함과 동시에 에이브러햄 링컨이 주는 '해방'과 '자유'의 이미지를 심으려고 했다. 항공모함에서 기념연설을 하는 경우는 드문 일이 아니다. 그러나 부시처럼 항공모함에까지 전투복 차림을 하고 전투기를 타고 간 역대 대통령은 아무도 없었다. 그 전날 백악관 수영장에서 물에 빠졌을 때를 대비한 생존훈련까지 받아가면서 말이다.

이번 '부시 쇼'의 컨셉은 크게 두 가지다. 하나는 그가 전쟁의 명분으로 삼았던 '대량살상무기'는 지금까지 나타나지 않았고 그가 눈에 가시처럼 여겼던 사담 후세인은 생사 여부도 모른다는 점이다. 이런 점에 대해 전세계 평화주의자들로부터 쏟아질 비난을 군사적 우위로 제압하면서 한 마디로 '까불면 너희도 죽여버린다!'를 생방송으로 연출한 셈이다. 두 번째는 이번의 쇼가 교묘하게 짜여진 선거운동이었다는 점이다. 2004년이면 그는 재선에 나서야 한다. 차기 선거의 완전한 승리를 위해선 드라마틱한 쇼를 연출해야 하는데, 부시는 아예 전투복을 입고, 전투기를 타고 바그다드의 상공에서 그의 명에 따라 수만의 대량살상용 무기를 쏟아 수많은 어린아이와 부녀자들을 무차별 사격한 늠

름한 조종사들 앞에서 마치 드라마 '야인시대'의 김두한처럼 포즈를 취했던 것이다. 이에 미국 국민은 열광으로 보답했다. 걸프전을 승리로 이끈 그의 아비 조지 부시도 전쟁 직후 90%를 상회하는 열광적인 지지를 받았다. 지금의 부시 또한 '전쟁의 영웅'이란 이미지로 차기 선거에 임하고 있다. 다음 선거의 승리를 위해 그는 무고한 이라크 양민을 제물로 바친 것이다.

그가 노린 건 여기에 그치지 않는다. 세계 2위의 매장량을 자랑하는 이라크 석유에 대한 통제권 장악이 어쩌면 이번 전쟁의 본질이기도 하다. 이라크를 침공하고 바그다드로 진입하면서 미국은 석유 유전이 훼손될 것을 우려해 엄청난 군사력을 동원해 철통같이 방어했다. 반면 세계 문명의 발상지인 메소포타미아 문명의 유적에 대해선 엄청난 파괴와 훼손, 그리고 약탈이 자행되고 있음에도 그들은 어떠한 조치도 취하지 않았다. 그야말로 미국의 본성과 그네들의 의도를 그대로 드러낸 적나라한 사건이었다.

전쟁이 채 끝나기도 전에 미국은 전후 복구를 위한 프로젝트에 들어갔고, 미국의 컨설팅 업체인 '베어링 포인트'에 이라크 복구와 경제 개편을 맡겼다. 그들의 첫 번째 사업 내용은 이라크의 석유를 민영화하는 것이다. 말이 민영화지 속내는 미국화에 있다. 전쟁이 하나의 커다란 비즈니스가 된 셈이다. 그래서 미국은 이라크의 석유를 완전히 장악한 후 사담 후세인의 행방에 대해선 묘연하게 놔둔 채 전쟁 승리를 선언한 것이다. 다시 말해 석유를 장악했으니 본질적인 목적은 달성한 것이고, 후세인을 묘연하게 내버림으로써 미국이 적대시하는 국가에 후세인이 잠적해 있을 수도 있다는 가능성만으로 그 나라는 미국의 전쟁공포에서 자유로울 수 없게 된 것이다.

  지금 후세인은 낙동강 오리알이 아니라 어디로 튈지 모르는 럭비공이 되어버리고 만 셈이다. 추측컨대 그는 미국이 싫어하는 나라에 가 있게 될 것이다. 그게 미국의 의도다. 그래야 그 나라에 대해 '공포와 충격'을 줄 수 있기 때문이다. 후세인이 리비아로 보내질지 북한으로 보내질지는 누구도 장담할 수 없다.

(제주문화예술, 2003년 봄호)

섯마파람 부는 날이면

김석범 선생님께.

태풍 매미의 잔해가 여기저기 흩어져 있습니다. 바람의 길목인 한라산의 남쪽 어느 마을은 바람의 힘을 견디지 못한 비닐하우스가 흉측한 갈빗살을 드러낸 채 누워 있고, 마을과 마을을 잇는 다리가 폭격을 맞은 것처럼 무너진 곳이 있는가 하면, 허물어진 방파제에 앉아 망연하게 바다를 바라보고 있는 사람들의 뒷모습이 어렵지 않게 눈에 띕니다. 선생님이 계신 동경에는 피해가 없으셨는지요? 이번 태풍을 지켜보면서 인간의 무지와 어리석음에 대한 자연의 꾸짖음에 그저 숙연할 따름입니다.

제주에서 선생님을 뵌 때가 지난 4월이었으니 어느덧 반년이 훌쩍 지났습니다. 그러니까 금년 4·3을 맞아 제주MBC에서 선생님의 작품인 『화산도』에 관한 특집방송이 있었지요. 선생님의 작품을 전문적으로 연구하고 있는 나까무라 후쿠지 선생님과 제가 패널로 참석한 자리에서 선생님은 고향 제주에 대해, 그리고 선생님의 역작인 『화산도』에 대해 담담한 어조로 말씀을 해주셨지요.

　제주를 찾은 감회를 묻는 사회자의 질문에 선생님은 세상 참 많이 달라졌다는 얘기로 말문을 여셨습니다. 선생님께서 처음 제주를 찾은 1980년대 후반은 입국 자체가 허용되지 않았던 시절이었지요. 고국땅에 발을 들여놓을 수 없었던 이유는 선생님의 국적 때문이었지요. 지금도 그러시지만 선생님께서는 북조선의 국적은 물론 대한민국의 국적도 단호하게 뿌리쳤지요. 조국이 통일되기 전까지는 갈라진 조국의 국적은 갖지 않겠다는 게 선생님의 일관된 생각이었지요. 그 무렵 어렵게 고국을 방문한 선생님은 일거수 일투족 감시를 받아야 했습니다. 참여정부가 출범한 이래 이번 방문에서도 기관원이 마중 나온 점은 마찬가지였지만 불편한 점이 있으면 언제라도 연락하시라는 말을 들었다면서 변화를 실감할 수 있었다고 하셨지요.

　4·3과 관련해 제주의 젊은이들에게 하고 싶은 얘기를 물어보자 선생님은 잠시 침묵하시더니 이내 눈시울부터 붉히셨지요. 그리고는 객석에 앉아 있는 젊은이들에게 정뜨르 비행장을 아느냐고 물었지요. 그 비행장 밑에, 4·3의 광풍이 몰아치던 그즈음에 학살당한 수많은 주검이 활주로에 깔려 비행기가 뜨고 내릴 때마다, 지금 이 시간에도 뼈마디가 바숴지고 있는 사실을 아느냐고 물었지요. 당신이 제주에 온 첫날

그 소리가 숙소까지 따라오는 바람에 통음을 하지 않고는 도저히 잠을 이룰 수 없다는 말씀을 들려주셨지요.

김석범 선생님.
패널로 그 자리에 함께 한 저는 칠순을 훌쩍 넘긴 선생님께서 화산도 같은 분노와 통한으로 내지르는 그 쩌렁쩌렁한 울림에 그만 고개를 떨구고 말았습니다. 문단의 말석에서 또는 마당판의 광대로서 4·3의 영령에 대해 그나마 위무했노라고 자위하던 내 목덜미를 선생님은 여지 없이 내리치셨던 것입니다.

방송을 마치자마자 비행장이 들여다보이는 '다끄내'로 내달렸습니다. 그래야만 된다고 생각했습니다. 반세기가 지나 이미 바숴지고 으깨어졌겠지만 잠시나마 그 곁에 있어야 할 것 같았습니다.

분노의 비행장. 일본군들이 전쟁의 마지막 보루로 제주섬 전역을 요새화하던 1942년, 제주도민들에게 강제노역을 시켜 만든 군비행장이 바로 이곳이지요. 해방이 되자 미군이 점령한 이곳은 민간인이 함부로 들어갈 수 없는 군사지역이었습니다. 증언에 의하면 이곳에서의 집단학살은 4·3 그해 겨울과 6·25 직후에 이루어집니다. 인근 마을 청년들을 동원하여 곡괭이로 땅을 파게 했습니다. 포승에 묶인 채 트럭에 실려온 사람들은 열 명씩 스무 명씩 왜 죽어야 하는지도 모르는 채 총살당하고 구덩이 속에 파묻힙니다. 빨갱이를 죽인 것이 아니라 죽은 사람은 무조건 빨갱이가 된 것입니다. 시신을 돌려 달라고 애원하는 것 자체가 죽음이던 시절이었습니다. 누구는 수백이라 하고 누구는 천이 넘을 거라 합니다. 섯마파람이 부는 날이면 시신 썩는 냄새로 문을 꽁꽁 닫아야 했고, 밥도 지어먹을 수 없었다 합니다.

김석범 선생님.
4·3을 입에 담을 수도 없던 시절에도 화산도에는 『순이삼촌』이 있어 한줄기 빛이 되어 주었고, 그에 힘입어 섬사람들은 "이제사 말햄수다."하고 말문을 열기 시작했지요. 그러나 이미 반세기가 지났습니다. 더는 시간이 없다는 선생님의 말씀이 가슴을 칩니다. 바닷가에 서서 정뜨르 비행장, 아니 정뜨르 학살터를 바라봅니다. 그 뒤로는 언제 보아도 인자한 우리들의 젊은 어머니, 한라산이 넉넉한 품으로 앉아 쉼 없이 떠오르고 내려앉는 시조새를 망연하게 바라보고 있습니다. 그때마다 빠지직 빠지지직, 뼈 바숴지는 소리가 들려옵니다.

(시평, 2003년 겨울호)

아직도 4·3은 계속되고 있다

　북촌 가는 길은 언제나 발걸음이 무겁다. 4·3과 관련하여 취재를 가거나 답사 기행으로 북촌을 들르는 경우는 더욱 그렇다. 필자가 몸담고 있는 제주민예총에서는 창립과 함께 4·3예술제를 치러오고 있는데 어느덧 햇수로 10년을 맞이하고 있다. 지난해부터는 '찾아가는 위령제'라는 이름으로 4·3 당시 수많은 희생을 치른 역사의 현장을 찾아 구천을 떠도는 원혼을 위무하고 저승 상마을로 천도하는 위령굿을 하는데, 작년 다랑쉬오름에 이어 올해는 그 현장이 바로 북촌이다. 4·3을 알고 있는 이들 중에 현기영의 『순이삼촌』을 모르는 이는 없어도 북촌을 기억하는 사람은 그다지 많지 않다. 바로 『순이삼촌』의 공간적 배경이 북촌이다. 4·3 당시 북촌에서는 한날한시에 어린아이 노인네 할 것 없이 수백 명이 왜 죽어야 하는지도 모른 채 죽어갔다. 그날이 음력 섣달 열아흐렛 날이었다. 지금도 그날 밤이 되면 마치 설이나 추석 차례를 지내는 것처럼 마을 대부분의 집에서 제사를 지낸다.

　북촌에 가면 그날의 총탄자국이 그대로 남아있는 등명대에 간다. 바로 앞에 보이는 달여도가 봄을 잔뜩 머금은 채 조용히 앉아 있다. 발걸음을 옮겨 그날 죽은 아기무덤의 흔적이 그대로 남아있는 너븐숭이로 간다. 아기무덤이 한둘이 아니다. 역사의 미친 바람은 철모르는 어린아이들조차 가만 놔두지 않았다. 바로 옆에 있는 옴팡밧에서도 그 마을 사람들은 이유도 모른 채 죽어야 했다. 노란 유채꽃 무더기에 눈이 시리다. 다시 걸음을 옮겨 위령제가 벌어지고 있는 당팟으로 간다. 당팟 역시 학살의 현장이다. 그날 북촌에서 몇 사람이 죽었는지에 대해선 '이래착 저래착 널어진 시신들을 세는디 사백육십까지 세단 설러부렀주.' 라는 말로 대신한다.

　학살 이후 마을 위령제는 이번이 처음이다. 실로 반백 년을 훌쩍 넘어서야 죽은 넋들을 위해 술 한 잔 올릴 수 있게 된 것이다. 행사가 준비되면서 마을 사람들이 삼삼오오 행사장으로 들어선다. 자리를 잡고 앉으면서도 눈빛이 불안하다. '혹시 이 자리에 참석했다가 무슨 봉변이라도 당하는 게 아닌가.' 하는 불안한 심사가 역력하다. 대문 앞에서 서성이다가 결국 집안으로 들어가 버리는 사람들도 더러 눈에 보인다. 행사가 시작된다. 놀이패 한라산이 북촌 학살을 다룬 마당극을 보여주자 여기저기서 흐느끼는 소리가 들려온다. "아이고 세상에, 아이고 세상에." 하는 통곡소리가 쉼 없이 이어진다. 이어서 인간문화재 이애주 교수가 춤을 추면서 죽은 원혼을 부르자 앉아 있던 할머니들은 당시 희생된 가족들의 이름을 부르며 통곡한다. 위령제의 중심행사인 인간문화재 김윤수 심방의 굿판이 펼쳐지면서 망자들을 저승으로 인도하는 제차에 이르자 더 이상 진행이 어려울 지경에 이른다. 참석했던 유족들이 너 나 없이 굿판으로 나와 정성을 올리는 바람에 그 수가 너무 많아 도저히 진행이 불가능해진 것이다. 그야말로 통곡의 절규가 끝도 없이 이어진다. 그날 북촌 유족들은 반세기를 훌쩍 넘기고서야 마을 한가운데, 그것도 학살의 현장에서 죽은 자들의 이름을 부르며 대성통곡을 할 수 있었다.

"살아 생전에 이런 날이 올 줄은 정말 몰랐주. 이젠 나 죽어도 원이 어서. 죽은 이들도 오늘 원을 풀어실거여. 저승 상마을로 가실 거여."

당시 남편을 포함해 일곱 명의 가족을 잃고 혼자 살아남은 할머니가 행사장을 빠져나가면서 남긴 그 한마디가 오래도록 가슴에 남는다.

"원인에는 흥미가 없다. 나의 임무는 오직 진압뿐이다."

미 보병 제6사단 제20연대장이면서 4·3 당시 제주도 최고 미군지휘관이었던 로스웰 대령의 이 한 마디로 제주에서는 수만 명이 희생당하고 만다. 소위 '빨갱이'를 죽인 게 아니라 죽임을 당한 자가 모두 '빨갱이'인 것이다. 갓 걸음을 배운 어린아이도 빨갱이였고 걸음을 잊어버린

노인네도 빨갱이였다. 그렇게 죽어간 사람들이 빨갱이가 아니라 범상한 동네 사람이었음을 밝히는 데 반백 년이 걸린 것이다. 당시 국가 공권력이 무고한 양민을 학살했다는 사실을 처음으로 인정한 것이 바로 〈4·3사건 진상조사 보고서〉이다. 물론 정부 차원에서 양민 학살을 인정했다는 사실은 매우 의미가 크다. 그러나 면면을 살펴보면 석연치 않은 구석이 한둘이 아니다. 그 동안 4·3의 진상규명과 명예회복을 외쳐온 바에 힘입어 1999년 4·3특별법이 제정되고, 그 결과물로 2003년 3월 29일 정부 차원에서 〈4·3사건 진상조사 보고서〉가 마침내 통과된다. 보고서를 통과시키면서 정부는 단서조항을 제시한다. 새로운 자료가 발굴되면 첨삭할 수 있도록 향후 6개월 동안 정부의 공식적인 입장을 유보한다는 게 바로 그것이다. 이 기막힌 단서조항 때문에 노무현 대통령의 공약사항인 정부 차원의 공식적인 사과 표명은 유보되고 만다. 아무 죄도 없는 수만 명의 양민을 학살하고도 단서 조항이 필요했던 것이다. 그것만이 아니다. 보고서의 내용을 뜯어보면 허술한 구석이 여기저기 드러난다. 우선 근거 자료가 절대적으로 부족하다는 점이다. 미군정 치하에서 이루어진 대량 학살에 대해 구체적인 책임의 소재가 누구인지 밝히지 못하고 있다. 죽은 자는 수만 명인데 죽인 자는 두루뭉술하다. 두 번째로는 피해조사가 분명하지 않다. 백살일비(百殺一匪)라 했다. 무조건 죽이다 보면 그중에 빨갱이가 있을 수도 있다는 것이다. 빨갱이를 고립시키겠다는 명분으로 제주 중산간 마을의 모든 가옥을 불태우고 마을 사람들을 해안으로 내려보냈다. 등 뒤에서 총을 들이대며 빨갱이에 협조한 사람을 대라고 했다. 손가락질을 받은 사람은 피를 흘리며 쓰러졌다. 시아버지와 며느리를 끌어내 옷을 벗기고 그 짓을 강요했다. 인간성이 파괴되고 마을이 없어지고 공동체가 무너진 것이다. 그리고 4·3을 지칭하는 용어 또한 애매하다. '폭동', '사태', '사건', '항쟁', '양민학살'. 이름이 없으니 성격이 없다. 중등교과서에는 아직도 '폭동'이다. 그 당시 죽어간 사람은 그러므로 '폭도'다. 일제강점기에서 벗어나 통일된 조국을 꿈꾸며 자주적인 국가를 만들어보자던 소박한 바람이 여지없이 짓뭉개진 것이다.

지금 제주에서의 중심 화두는 '평화'다. 제주를 평화의 섬으로 만들어가자는 것이다. 참 좋은 말이다. 그러나 천만의 말씀이다. 이유도 모른 채 죽어 성한 시신조차 돌아오지 못한 원혼이 시퍼렇게 살아 구천을 떠도는데 그네들의 원성을 보듬지 못하는 평화는 한마디로 거짓이다. 지나가는 소가 웃을 일이다.

(민족21, 2003년)

4·3 그리고 자기검열

1987년 6월을 생각하면 지금도 가슴이 뭉클해진다. 나는 그무렵 제주시에서 버스로 한 시간 정도 거리에 있는 읍 소재지의 고등학교에서 학생들을 가르치는 신출내기 교사였다. 퇴근 시간이 되기가 무섭게 버스에 몸을 실어 제주시로 향했다. 그 무렵 오후 6시가 되면 제주시의 중심인 중앙로는 사방팔방에서 밀려드는 학생과 시민들에 의해 순식간에 도로가 점거되고 사람들은 누가 먼저랄 것도 없이 옆 사람과 어깨를 걸어 '민주쟁취 독재타도'를 섬이 들썩일 정도로 왜자겼다. 그때 그 많은 사람들 한가운데서 느낀 해방감이라니!

6월항쟁에 힘입어 제주에는 '제주문화운동협의회'라는 문화예술운동단체가 결성되고 나는 그 산하에 '놀이패 한라산'이라는 광대패의 일원으로 활동하고 있었다. 1989년이 되자 우리들은 '무엇을 할 것인가'를 놓고 날밤을 새는 토론을 끊임없이 이어갔고, 결국 고향 선배인 소설가 현기영 선생의 『순이삼촌』 이후 함부로 입에 담을 수조차 없었던 4·3항쟁을 광대들마저 비껴가서는 안 된다는 데 선뜻 합의하고 4·3항쟁을 총체적으로 드러낼 수 있는 내용으로 작품 준비에 들어갔다. 돌이켜 생각해보면 어리석으리만치 순진했고 지나치리만큼 비장했다. 6월항쟁 이후 변화된 상황 속에서 더 이상 감출 게 없다는 생각과 4·3항쟁을 본격적으로 다루려면 당시 '산사람'들 그 이상의 결의와 각오로 임해야 한다는 생각이 맞물리면서 마치 제동장치가 풀린 화물차처럼 앞으로 나아갈 줄만 알았다.

　문단의 말석에 이름을 내건 이유로 창작단의 한 사람으로서 주어진 역할과 아울러 연출 경험이 있는 연장자라는 이유로 책임연출까지 떠맡게 되었다. 반복되는 수정과 연습 끝에 우리는 마침내 4·3항쟁을 다룬 최초의 공연 작품 〈4월굿 한라산〉을 올리게 되었다. 그것도 시민회관이라는 공공건물에서 말이다. 그 장소에는 공연만 있었던 건 아니었다. 행사장 주변에는 4·3항쟁을 주제로 한 시화전이 동시에 열리고 있었다. 대부분의 관객은 소위 운동권이거나 그 주변 사람들이었고, 그 주위에는 사복을 입은 경찰들이 요소요소에 틀어박혀 연신 카메라 셔터를 눌러대는가 하면, 시화전에 걸린 내용들을 낱낱이 베끼는 모습이 어렵지 않게 눈에 띄었다. 아무튼 이틀간의 공연은 성황리에 끝을 맺었다.

　문제는 공연 다음날이었다. 학교에서 한창 수업을 하고 있는데 교장실로 급히 오라는 전갈이 왔다. 왠지 예감이 좋지 않았다. 들어가 보니 교장선생님 곁에는 어깨에 힘이 잔뜩 들어간 건장한 사내들이 앉아 있었다. 예상했던 대로다. '조사할 게 있으니 같이 가자.'는 그네들과 '나는 교육공무원이니 업무시간에는 나갈 수 없다. 데려가려면 영장을 제시하라.'는 나의 입장이 팽팽히 맞서기도 전에 교장선생님은 얼른 그네들의 손을 들어주었다. 수업은 아무 염려 말고 얼른 가라는 것이다.

나에 대한 조사는 "김수열, 왔구나. 나머지 조사 받는 놈들은 다 내보내."라는 끔찍한 말로 시작되었다. "현기영 알아? 순이삼촌 알아? 김명식 알아? 4·3 조사 어디 다녔어? 누구 만났어?" 말이 조사이지 그네들이 내지르는 고함과 휘두르는 삿대질, 간간이 책상을 내리치는 주먹질에 나는 점점 정신이 아득해졌다. "인민항쟁가, 어디서 배웠어? 누구한테 배웠어?" 드디어 올 게 왔구나 싶었다. 작품의 마지막 장면을 보면 산사람들이 토벌대에 의해 학살되면서 '원수와 더불어 싸워서 죽은 / 우리의 죽음을 슬퍼 말아라 / 깃발을 덮어다오 붉은 깃발을'이라고 시작하는 노래를 부르는데 이를 두고 하는 말이다. 내게 덧씌워진 또 한 가지의 혐의는 시화전에 내건 「입산」이라는 작품이 문제가 된 것이다. '산으로 간다 / 무자 기축년 사월 / 사랑을 위해 산으로 간 / 그리운 사람이 그리워' 이렇게 시작하는 볼품없는 작품인데 그네들은 새삼스럽게 "무자 기축년이면 바로 4·3이 일어나던 해이고, 산으로 가겠다는 건 빨갱이가 되겠다는 것 아니냐."는 식으로 나를 다그쳤다. 결국 나는 며칠 동안 조사를 받고 마지막 날은 과장인지 국장인지 하는 지체 높은

양반 앞에 불려가 '4·3사태는 북한의 사주를 받은 남로당이 남한을 전복하기 위해 저지른 폭동이며 죽은 사람은 모두 빨갱이'라는 의식화 교육을 받아야 했고, '다시 한번 4·3항쟁 운운하는 날엔 교사 생활은 물론 사회 생활도 끝장'이라는 선고와 아울러 '여기서 있었던 일은 누구에게도 발설해서는 안 된다.'는 협박을 뒤로하고 집으로 올 수 있었다. 돌아오면서 나는 별에게도 얘기할 수 없었고 달에게도 말할 수 없었다. 밤잠을 못 이루고 뒤척였던 건 너무나 당연한 일이었다. 그 무렵 공연을 함께 했던 단원들, 시를 썼던 친구들도 거의 빠짐없이 불려갔다.

해마다 4월이 오면 4·3을 다룬 공연을 하고 시 나부랭이를 끄적이지만 시나브로 나는 나를 준엄하게 검열하고 있었던 것이다. 넘어서는 안 되는 경계를 미리 준비하고 그 테두리 안에서 깝죽거렸던 것이다.

올 4월에 있었던 일이다. 오래 전에 내가 연출했던 4·3 공연 〈4월굿 꽃놀림〉을 금년에 극단 단원들이 새롭게 각색하고 연출하여 일본 동경에서 공연할 기회가 주어졌다. 나는 애당초 이번 작품에는 관여하지 않았고 학교 일정도 비울 수 없고 해서 일본행은 염두에 두지 않았다. 그런데 일본 공연 일정 중에 조총련 학교에 들어가 그 학생들을 대상으로 하는 공연 일정이 잡혀 있었다. 현행법에 의하면 조총련은 북한을 추종하는 이적단체이기 때문에 그곳에 들어가려면 통일부에 북한 주민 접촉 신고를 하고 허가가 나야 들어갈 수 있게 되어 있다. 절차에 따라 신고를 했는데 결과는 '가'도 아니고 그렇다고 '불가'도 아니고 '유보'였다. 그 이유인즉 4·3에 대한 정부의 입장이 정해지지 않았고 혹시 북한에 이용당할 소지가 있다는 것이다. 4·3 특별법이 통과됐고, 그 결과물로 진상보고서가 정부 차원에서 작성이 되었으며 4·3은 양민학살이었다는 입장이 보고서에 들어있는데도 말이다. 공연을 며칠 앞두고 난관에 부딪힌 것이다. 강행을 할 것인지 아니면 법을 따를 것인지. 결국 공연 참가자들은 오랜 숙의 끝에 강행하기로 결정을 내렸지만 나는 지레 두려웠다. 내가 생각하는, 넘어서는 안 될 선을 넘어선 것이다. 아무튼 일본으로 건너간 단원들은 조총련 학교에서 2천여 명의 학생들 앞에서 열심히 땀을 흘렸고 우레와 같은 박수를 받으며 그야말로 무사히 돌아왔고 지금껏 아무 문제가 없다. 아마 조총련 학교에서 공연한 최초의 남측 공연단으로 기록될 것이다.

언제부턴가 4월만 다가오면 나는 심한 편두통에 시달리곤 한다. 공연을 준비하고 작품을 쓰는 데서 오는 버거움 때문만이 아니다. 아직도 4·3에 대한 자기검열에서 자유롭지 못하기 때문이다.

(희망세상, 2003년)

맺힌 것은 풀어야 한다

삼삼천리 방방곡곡 옹이 박히지 않은 땅이 어디 있으랴만 물 막은 섬 제주 한라에 박힌 옹이는 모질어도 여간 모진 게 아니다. 해마다 청명 4월이 오면 제주섬은 움츠려 오그라든다. 산에는 산벚꽃, 들에는 왕벚꽃들이 샛바람에 꽃비 오듯 나부끼는데, 화전놀이 하자고, 꽃마중 오라고 손짓하는데 섬사람들은 반세기가 넘도록 해마다 4월이 오면 말을 잊고 만다. 마음의 빗장을 무겁게 닫아 버린다.

"일본놈들로부터 해방이 되난 이젠 우리 세상 맨들어사 허는 게 당연헌 일 아니라? 우리가 우리 힘으로 우리 세상을 맨들겠다는데 그놈의 양코배기들이 도대체 뭔데 주인노릇을 허젠 허느냐 말이여! 일본 쪽발이헌티 그만큼 당해시믄 되었주 양키놈신디 또 당헌다는 건 말도 아니되여."

1947년 3월 1일. 섬사람들은 3·1절을 기념하겠다고 운집했고, 그 운집한 자리에, 당시 미군정은 해산 명령과 함께 총질을 한다. 그것도 백주대낮에. 한켠에 비켜서서 시위 군중을 구경하던 아주머니의 등에 업힌 아이가 총소리에 고꾸라진다. 시위대열에 섰던 사람들도 여럿 쓰러지고 시위대는 혼비백산한다. 섬사람들은 주동자 처벌을 외치며 파업에 돌입했고, 미군정은 주동자 검거로 맞선다.

"살 수가 어섰주. 젊은 사람만 보이믄 무조건 심어당 개 패듯 두드리고, 잠깐 조사헐 게 있다 허멍 데려가 놓고 다시는 돌아오지 않고. 영허당 몬막 죽겠다 허는 생각이 드는 거라. 어떵 헐거라? 물 막은 섬에서 육지로 도망 갈 수가 이서? 하는 수 없이 산으로 올랐주. 한라산으로―."

산으로 오른 사람들은 어린아이 노인네 할 것 없이 본의 아니게 모두 '산사람'이 되고 만다. 내려와서는 목숨을 부지할 수 없는 '산사람'이 되어버린 것이다. 계엄이 선포되고, 입산금지가 내려지고 '섬 속의 산'은 그야말로 '섬 속의 섬'이 되고 만다. 적게는 2만, 많게는 6만이 죽었다 하는 4·3은 이렇게 시작되어 지금 반세기를 넘기고 있다. 더운 밥 한 그릇 먹어 보지도 못하고, 자손이 올리는 술 한 잔 받아 보지 못한 억울한 원혼들이 바람질 구름질에 흩어져 구천을 헤맨 지 반백 년이 지났다. 육지 아무아무 가막소로 끌려갔다는 소식을 끝으로 생사를 확인할 길이 없어 이제나 돌아오카 저제나 돌아오카 독수공방하며 살아온 새 각시가 어느덧 백발의 할망이 되었다.

"영 안 돌아올 줄 알아시믄 옷이라도 곱게 입형 보내컬. 따뜻한 밥이라도 해 드리컬. 목숨 붙어 이시난 살암신가 허주 이 삶이 어디 삶이라? 죽어분만 못 허여. 당췌 죽음만 못허여."

맺힌 한은 풀어야 한다. 억울하게 죽어 맺힌 한이든, 억울한 죽음을 밝히지 못해 살아온 산 사람들의 가슴에 쌓인 한이든 한은 풀어야 한다. 죽은 자의 한이 풀리지 않으면 산 자는 결코 자유로울 수 없다. 살아 있는 자가 죽은 자의 한을 풀어주지 못하면 바람길 구름길에 떠도는 넋들은 결코 넋반에 담겨 저승길에 다다를 수 없다. 상생의 넘나듦으로 풀어헤쳐야 한다. 산 자의 치성으로 죽은 자를 부르고 그 억울하고 칭원한 사연을 서로 나눔으로써 산 자가 죽은 자를 살리고, 죽은 자가 산 자를 진정 살리는 상생의 역사맞이로 맺힌 것을 풀어야 한다. 맺힌 것을 풀지 않고는 '나'도 없고 '너'도 없다. '역사'도 없고 '미래'는 더욱 없다.

(풍류, 2002년)

황당하고 끔찍한 꿈 한 토막

　근본이 섬놈이니 근간에 섬에서 들려오는 해괴망측한 이야기 한 꼭지 해보겠다.

　민주당이라고 하는 당이 있는가 본데 그 당에서 힘깨나 쓰고 방귀깨나 뀌는 놈들이 모여 이른바 '제주국제자유도시 정책기획단' 이라는 걸 만들어 어떻게 하면 헐벗고 굶주린 섬것들을 인간답게 살 수 있도록 해줄 것인가를 고민고민한 끝에 모아진 의견이, '제주를 국제적으로 프리하게 놔두자, 그리고 그러기 위해서는 코쟁이 말을 제2공용어로 삼아 섬백성들로 하여금 쉽게 익혀 날로 쓰게 만들자, 그 길만이 섬백성으로서 대망의 21세기를 살아갈 수 있는 유일한 방도이다.' 라는 결론을 얻어내고는 이를 추진하기 위해 혈안이 되어 있다는 것이 바로 그 해괴망측한 이야기의 핵심이다.

　그네들의 논리를 좀더 들여다보면, 제주에 외국의 자본과 투자를 위한 환경 조성을 위해서는 영어를 공용어로 해야 하며, 이는 이미 홍콩이나 싱가포르에서는 오래 전부터 이루어진 바, 영어 공용어가 자국의 언어 말살이나 정체성의 혼란에 아무런 영향을 초래하지 않는다는 것인데, 그야말로 소가 웃을 일이다.

먼저 하나하나 되짚어 보자. 제주도민들이 외국의 자본과 투자 유치를 그렇게 열망하고 있는가? 지금까지 들여온 외국자본에 의한 '외국화' 만으로도 진절머리가 난다. 그렇게 외국 자본을 신주단지 모시듯 모셔온 결과, 과연 섬사람들에게 돌아온 건 무엇인가? 수려한 자연 환경은 개발이라는 미명 아래 여지없이 파괴되었으며 섬놈들은 상대적 빈곤 내지는 허탈감에 망연자실하고 있는 상황인데 무엇이 부족해서 또 외국 자본 타령인가? 한마디로 뭐 대주고 뺨 맞은 꼴이다. 이젠 한 발 더 나아가 영어 공용이라니? 아니, 섬사람들이 영어를 못해서 세계화가 안 되고 있다니, 그야말로 포복절도할 노릇이다.

남의 나라 사정을 볼 것 같으면 세계적인 관광국인 프랑스는 영어 공용화가 아니라 공식적으로 영어를 쓰지 말자는 법을 만들었고, 독일도 모국어보호법을 제정하기 위한 노력을 국가 차원에서 기울이고 있으며, 스위스에서는 초등학교에서 영어를 배제하자는 싸움을 벌이고 있다.

싱가포르와 홍콩에서 영어를 공용으로 한다고 하는데, 맞는 말이다. 그러나 그네들이 영어 공용을 하고 있으니 제주도 해야 한다는 논리는 어불성설이다. 역사적으로 거슬러 올라가 보면 싱가포르와 홍콩은 영국의 식민지였거나 조차지였지 않은가? 싱가포르는 영국이 동인도 회사를 설립한 이래 다양한 민족이 들어와 이미 영어가 보편화된 곳이고, 홍콩은 사실상 영국이었기 때문에 영어가 국어였음을 왜 모르는가? 세계 유일의 단일민족 국가가 그 언어를 접어 두고 외국어를 공용하자는 구상이 어디 제 정신에서 나올 법한 발상인가? 그리고 영어의 공용이 국어의 말살이나 정체성을 해치지 않는다는 논리는 어디서 많이 들어본 논리가 아닌가? 일제가 우리말을 금지하고 일본말을 쓰라고 강요했을 때와 왜 이다지도 똑 같은가?

일찍이 단재 선생은 '失我化彼'를 말하면서 손님이 찾아와 문을 두드리면 문을 열기 전에 그 손님의 손에 꽃이 들려 있는지, 칼이 들려 있는지를 살피라 하셨다.

공용어 구상을 내놓는 자들 앞에, 언어는 그 민족의 얼이요 넋이라는 말을 들먹이기조차 구역질이 난다.

만에 하나, 저들의 구상대로 제주가 영어 공용권이 되면 도로와 간판은 물론, 대부분의 공문서도 영어로 쓰여질 것이며 점차적으로 일상생활로 파급될 것임은 불을 보듯 뻔한 일이다.

그러니 제주를 찾고자 하는 우리의 형제자매들이여, 섬에 오려거든 먼저 영어를 배우라. 간판도 영어로 될 것이고 관광안내원도 영어로 지껄일 것이며 지나가는 어린아이들에게 길을 물어도 아이들은 영어로 대답할 것이니 제주에 오려거든 유창한 영어가 되기 전까지는 가급적

삼가시라. 와서 개망신 당하지 않으려거든.

어디 그뿐인가. 제주에 와서 공연을 보든 굿판을 가든 영어로 공연을 하고 영어로 굿을 칠지도 모르니 영어에 능숙하지 못하면 딴따라도 될 수 없거니와 구경꾼도 될 수 없으니 제주에 오려거든 영어에 목숨을 걸라. 어깨를 움츠리면서 양손을 적당한 높이로 올려 '으흠, 아하, 오 예' 하는 추임새도 부지런히 연습하시라. 그렇지 않으면 이 무시무시한 국제도시에서 마냥 쪽 팔릴 수 있으니까.

나는 요즘 황당무계한 꿈을 꾼다. 아침 일찍 밭일 나가는 우리의 할머니 할아버지들이 길에서 만나, "어디 감수과? 조반은 자십디가? 일 모챠지걸랑 집이 들립서. 지실 파놓은 거 이시매 가는 길에 가져강 손지덜 줍서." 하는 구수한 우리말 대신 "헬로, 하우 아 유? 댓츠 파인. 탱큐." 하고 어눌하게 말하는 황당한 꿈.

물질 가는 길에 만난 아주머니들이, "게난 바당에 감수과? 고치 그릅써. 게나저나 순옥이 어멍 토시 똘 났젠 허멍 양? 건 뭔 말이우꽈? 게난 똘만 너이? 에고 시상에." 하는 정감 넘치는 우리말 대신 "하우 두 유 두? 아임 그래드 투 미트 유." 어쩌고 하는 끔찍한 꿈.

(풍류, 2001년)

'비어 있음'에 대한 몇 가지 생각
— 문충성 시인의 시집 『허공』(문학과지성사)에 대하여

1.

시인에게 있어서 시 쓰기란 즐거움과 더불어 괴로움을 동반하게 마련이다. 즐거움이 없으면 더 이상의 시 쓰기는 있을 수 없을 것이며, 괴로움 없는 시 쓰기는 무뇌아(無腦兒)에 다름 아니기 때문이다.

시를 쓰는 일이 좀처럼 풀리지 않을 때, 나는 버릇처럼 다른 사람의 시를 뒤적이곤 한다. 그네들의 시를 읽으면서 마음에 드는 시구가 나오면 훔치고 싶은 욕망에 사로잡힌 적도 있었고, 어떤 때는 그 언어를 훔쳐와 내 가슴속에 오래도록 담아두곤 했다. 그러다가 언제부턴가 다른 시인들의 시를 읽으면서 문득 '도대체 나는 이 시에 대해, 이 시를 쓴 그 아픔과 상처에 대해, 그 깊은 심연에 대해 얼마만큼 헤아리고 있을까' 하는 생각을 중심에 놓고 읽게 되었다. 그후로 시 한 편 읽기가 그리 녹록하지 않음을 알게 되었고 지금까지 건성으로 읽어 내려간 시에

대한 부끄러움에 사로잡히게 되었다. 시 읽기의 어려움을 깨닫는 데에는 꽤 오랜 시간이 필요했다.

대상을 바라봄에 있어서 '객관'은 존재하지 않는다는 것, 다만 '실제로는 주관적이면서 객관적인 척하는 것'에 불과하다는 것, 그렇기 때문에 남을 얘기하거나 남의 글을 이야기한다는 것 자체도 객관적인 거리두기는 이미 불가능하고 자신이 살아온 범위 안에서밖에 느낄 수 없다는 것이다.

남의 글을 이리 비틀고 저리 비틀면서 토를 다는 일을 업으로 삼는 사람들에게는 시 한 편 읽기가 어찌 대수로운 일이겠는가마는 적어도 나에게만큼은 그리 간단하지가 않다.

이 글을 쓰면서도 나는 남의 시에 대해 이러쿵저러쿵하는 것은 나의 능력 밖이거니와 나는 다만 시 속에 비친 내 모습에 대해 이야기할 뿐이다.

2.

문충성 시인의 시집 『허공』을 읽으면서 나는 그냥 어떤 격식에 얽매이지 않고 내 느낌을 말하고 싶다는 생각이 들었다. 노을 속으로 걸어 들어가는 사람의 뒷모습이 어렴풋이 보이는가 하면, 시 한 편을 읽고 시집을 덮고는 오래도록 창 밖을 멍하니 내다보기도 했다. 아무 것도 보이지 않았다. 어떤 시는 분명 읽었는데 아무 것도 잡히지 않았고, 때로는 너무 쓸쓸하고 허전해서 지나가는 사람이라도 붙잡고 막걸리나 한잔 하러 가자고 조르고 싶었다.

生은 다 찢어져 그리움도 아픔인 줄 모른다 / 그리움이 길을 만든다 / 길이
산을 만든다 / 산이 꿈을 만든다 / 올라가도 올라가도 / 비어 있는 산
―「비어 있는 산」 부분

'그리움 ― 길 ― 산 ― 꿈'으로 이어지는 시상의 연결은 무지막지하게도 '올라가도 올라가도 비어 있는 산'으로 끝난다. '그리움'이라는 추상성이 '길'이라는 구체성으로 이어지고, 다시 '산'으로 고조되다가 급기야는 다시 '꿈'이라는 추상성으로 돌아가는데 '그리움'에서 '꿈'으로의 부풀어오름을 채 느끼기도 전에 다시 '비어 있는 산'을 만나야 한다. 그렇다면 '비어 있는 산'의 의미는 도대체 무엇일까? 산에 아무 것도 없다는 것인가, 산 자체가 없다는 것인가? 나에게는 아직도 이에 대한 답이 없다.

문충성 시인의 '비어 있음'은 시인이 살아온 삶의 발자국에도 혈흔처럼 남아 있다.

점심 굶으며 초등학교 다니던 시절 / 뜻도 모르고 '신탁통치 결사반대' 구경하러 / 관덕정 광장으로 몰려들어 / 만세 부르며 시가행진하는 것 뒤따라 다니다 / 집에 돌아오면 식구들 모두 / 밭일 가서 안 돌아오고 / 이 방 저 방

/ 열어봐도 / 빈 집 / 4·3 터지던 무자년 봄날 / (중략) / 야간 강의 마치고 / 호우 경보 속 / 조심조심 / 차 몰아 집에 오면 / 아내조차 서울 가서 없고 / TV 켜면 4·3특별법 토론들 / 오십 년도 더 지났는데 / 빈집 / 폭우 / 쏟아지는 기묘년 봄밤
— 「빈집」 부분

죄 없는 죄인들 살던 마을 / 불타 사라졌다 수백 년 살아온 마을 / 세월이 약이라지만 그 마을 / 깊은 주검으로 남아 때로 / 찾는 이들 눈시울 적시게 하지만 / 겨우 살아남은 이들 흩어져 살지만 / 억울하게 죽임 당한 원혼들 구천 떠돌지만 / 사라진 마을이여 / 어디쯤 있어 / 눈짓조차 없는가 / 멍텅구리 바람만 거세게 불어오는데
— 「사라진 마을은 어디쯤 있어」 부분

아무 것도 모르는 초등학교 시절, 4·3 터지던 무자년 '빈집'과 그로부터 50년이 지난 지금의 '빈집'에서 시인은 무얼 느꼈을까? 50년 전의 빈집 이미지를 시인은 반세기가 지나도록 그 '비어 있음'을 고스란히 가슴에 새긴 채 살아온 건 아닐까? 50년이 지난, 폭우 쏟아지던 어느 날 TV를 통해 4·3 토론회를 지켜보던 시인의 가슴에는 그때 그 '비어 있음'이 아내의 부재에 관계없이 되살아난 것은 아닐까?

두 번째 인용한 시 역시 4·3으로 인해 초토화되면서 '사라진' 마을

에 시인의 눈길이 머물고 있다. '사라짐'과 '비어 있음'은 해석하기에 따라 달리 읽힐 수도 있겠으나 시인은 사라져서 지금은 비어 있는 그 마을 어디쯤에 서서 눈짓조차 주지 않는 사라진 것에 대해 '어디에 있느냐'고 절규하고 있다. 그러나 멍텅구리 바람은 아무 말이 없다.

그의 '비어 있음'은 역사, 혹은 어떤 대상에 머무르지 않고 그 주체가 어느덧 시인 자신에게로 돌아와 있음을 알게 된다.

만인이 만등 켜러 가는 날 / 가로등 부옇게 비치는 길 위에 있다 / 부처에게 가는 빛나는 길 / 그 길이 안 보이는구나 / 어디에 있을까 / 어디를 찾아 / 사바의 길 위에 나서면 / 길은 자꾸 길을 만들고 / 길은 나를 지워 / 나를 잃어버리게 한다 / 불교 신자가 아니어서일까 / 길을 잃어버리게 한다 / 잃어버린 길 위에서 / 잃어버린 나를 찾는다 / 만인이 켜 놓은 만등이여 / 성공과 건강과 장수 기원하는 길 위에 / 내가 잃어버린 길은 없구나 / 만등 아래서 등 하나 / 켜지 못하고 초라하게 / 잃어버린 / 아아, 뒤뚱뒤뚱 / 서 있는 낯선 노인 하나 / 기원할 기원도 없이
— 「萬燈 아래서」 전문

이 시에 등장하는 '낯선 노인'이 시인 자신이건 아니건 그건 중요하지 않다. 하지만 나는 그 노인의 뒷모습을 보면서 시인의 뒷모습을 떠

올리지 않을 수 없었다. 왜냐하면 나는 이 시를 통해서 '진정한 나'를 찾아 나선 '지금의 나'를 보았고, 시인의 시편에서 그러한 착상을 어렵지 않게 찾을 수 있었기 때문이다. 노인의 모습에 대한 묘사에 '뒤뚱뒤뚱'이라는 음성 상징이 있는데, 이 '뒤뚱뒤뚱'은 걸음걸이에 대한 단순한 상징이 아니라 노인이 처해 있는 이러지도 저러지도 못하는 상황 묘사이지 단순한 외양 묘사에 그치는 표현은 아니라는 게 내 생각이다.

아무튼 이 시를 읽고 또 읽으면서 실체든 아니든 그 노인의 뒷모습에서 눈을 뗄 수가 없었다. 이 시를 곱씹으면서 읽어보면 '만인'이 있고 오늘이 '만등 켜는 날'이라는 사실만 알 수 있을 뿐 읽으면 읽을수록 시 속에는 아무 것도 없다. 굳이 말하자면 '나'는 길 위에서 잃어버렸고(길을 잃은 게 아니라 자신을 잃은 것이다), 다만 잃어버린 나를 찾는 '낯선 노인 하나'가 있는데, 그 또한 '기원할 기원도 없는' 노인이다.

물론 '나'가 곧 '낯선 노인 하나'임을 모르는 바 아니지만 '기원할 기원도 없다'는 말에 깊이를 더하면 '살아갈 삶'이 없다는 말이 아니겠는가. 그렇다면 그는 살아 있는 실체인가, 아니면 '비어 있는', 다시 말해 실체가 없는 그 어떤 것인가? 다시 이 시를 읽어보지만 아직도 나에겐 마땅한 대답이 없다.

문충성 시인의 시에는 이 '비어 있음'이 두드러지게 자주 등장하고 있음을 알게 되고, 이는 곧 시인이 사유하는 한 방식임을 눈치챌 수 있게 된다.

"빈 그림자를 털어"(「눈먼 자의 노래」)내는가 하면, "눈처럼 쌓였다 / 녹아 내리는 빈 바람소리 / 만리 밖으로 허물어"(「여름 白鹿潭」)지기도 하고 "비어 가는 세상살이 / 쓸쓸하면 쓸쓸하게 / 읽던 책도 덮어두고 / (중략) / 들꽃으로 들바람으로 / 나란히 누워 / 잠시 물결소리에 흔들리며 / 빈 물결소리 이루다가 / 저승에서 깨어나"(「들꽃편지」)기도 한다. "바람 한 점 없이 / 빈 들판은 아름답다"(「풀꽃들이」)고 속삭이기도 하고, "사철 가난한 섬 마을 / 바다가 된다 하얀 물결 소리 모으는 / 빈 골목 씽씽 내달리는 허리 꺾인 / 굴렁쇠 굴러가는 빈 바람 소리 / 한 번도 부르지 못한 빈 노래가 되"(「뽕나무」)기도 한다. "안경 끼고 자면 안 보이던 / 우리들 사랑도 보이는가 / 사십 년 동안 쌓아온 새하얀 / 우리들 한숨과 빈손"(「안경 끼고 잠든 아내 곁에」)을 마주 잡기도 하고, "빈 하늘은 미친 듯이 높푸르러 가고 / (중략) / 빈 거미줄만 빈 바람에 / 흔들립니까"(「마지막 祈禱」)라고 간절히 기도하기도 한다. "어두워드는 빈 하늘/ 비잉 빙 감돌고"(「11월 산굼부리」), "눈 그친 뒤 / 앙상하게 / 나무는 비어 있습니까 / 빈 풍경 속에 / 굽힐 것도 바랄 것도 없이 / 맨몸으로 정원수 노릇하며 / 고향 떠나온 수유나무들 / (중략) / 빈 가지에서 / 처음 보는 하얀 새 한 마리 / 빈 가지로 보일 듯 보일 듯 / 지저귀는 슬픔만 / 이우는 저물녘"(「눈 그친 뒤」)을 바라보기도 한다.

이제 시인은 그 '비어 있음'에 대한 사유를 단순한 시적 형상화에 머물지 않고 시의 제목으로 가져오는데, "아, 눈감아도 보이는 그리움 / 우리들 삶도 강물처럼 흘러 / 무시로 그리움 찾는 것일까 / 강물이며, 나날이 흘러가면서 / 나날이 늙어 가는가" 라고 탄식하고 있는 빈 江이 바로 그것이고, "빈 바람 나뒹구는 늦가을 들판 / 빈 술병 하나 누워 있다"고 노래하고 있는 빈 술병이 또한 그것이다. 이러한 '비어 있음'에 대한 천착과 사유는 이 시집의 제목에 해당되는 시 「허공」을 통해 극명하게 표출되는데, 그 '비어 있음'에 대한 시인의 사유에 대해 이제 시인은 허공이 되어버린 하늘을 통하여 그 자신에게 되묻고 있다.

원래 하늘은 비어 있습니까 / 누가 처음 하늘을 '虛空'이라 불렀습니까 / 그 허공을 찾아 얼마나 많은 사람들이 길 떠났습니까 / 그러나 허공은 비어 있어 끝내 찾지 못했습니까 / 비어 있는 것들은 그러므로 찾지 못하는 것입니까 / 그래서 비어 있는 하늘은 비어 있는 대로 그냥 있습니까 / 허공을 찾는 이들 / 길에서 저물어 빈 길 되듯 // 그러나 한 번도 허공을 찾지 않는 이들도 있습니까. 비행기나 만들어 띄우며 / 아스팔트 신작로나 만들며 // 30년 동안 줄곧 나는 허공을 찾았습니까 / 나는 허공을 찾지 못합니까 / 아아, 허공 하나가 / 눈으로 들어와 / 가슴속에 / 하나 가득 허공을 만듭니까 / 만듭니까 허공이 / 새로운 허공을

—「허공」 전문

3.

 문충성 시인의 이 '비어 있음'에 대한 집요한 탐색은 어찌 보면 그의 시의 시작이요 끝일지도 모른다. 그러한 '비어 있음'이 때로는 과거를 반추하는 과정에서 드러나기도 하고 오늘의 삶 속에서 표출되기도 한다. 굳이 불교적인 해석을 들먹이지 않더라고 '비어 있음'은 그 자체가 없는 것일 수도 있지만 그 '없음'이 '있다'는 것으로 해석할 수도 있다. 바로 이 지점에 문충성 시인의 시적 사유는 존재하는 것 같다. 답이 없는 답을 찾아 떠난 길이기 때문에 그 여정은 한이 없고 그 종착점 또한 보이지 않는다. 다만 끊임없이 그 '비어 있음'에 대해 생각하고, 그 생각한 자리에 고통스럽게 시를 남길 뿐이다.

 어느 자리에선지 분명하지는 않지만 문충성 시인으로부터 문학에 대한 이야기를 들을 기회가 있었다. 물론 겸손의 말이겠지만, 그는 정말 부끄럽지 않은 시 한 편을 쓰기 위해 쓰고 또 쓴다는 말을 한 적이 있다. 나는 그 숨은 뜻을 시집 『허공』을 읽고서야 어렴풋이 알 수 있었다. 그러나 아직도 나는 내 시에 자신이 없듯 다른 시인의 시 읽기에도 여전히 불안할 따름이다.

(제주작가, 2001년 상반기호)

'지금 그 사람'은 안녕하신가?
— 제8회 탐라미술인협회 정기전을 보고

윤동주 시인의 「자화상」이라는 시가 있다. 산모퉁이를 돌아 외딴 우물에 가서 들여다보는데 거기에는 달과 구름과 하늘과 파아란 바람과 가을이 있는데, 거기 웬 낯선 사내가 있다. 그 사내가 미워 돌아가는데 가다 생각해보니 가엾어, 다시 돌아와 보니 그 사내는 그대로 있다. 다시 미워져 돌아가는데 이번엔 그 사내가 그리워지고 다시 돌아와 보니 이번엔 달과 구름과 하늘과 바람과 가을과 함께 그 사내가 거기 있다는 내용의 시이다.

지난 12월 11일부터 17일까지 탐라미술인협회가 마련한 '지금 그 사람' 전이 열리고 있는 세종갤러리에 들어섰을 때 나도 모르는 사이에 나는 윤동주의 「자화상」을 떠올리고 있었다. 전시장 맞은편 한가운데 걸린 구부정하고 경중하게 서 있는 한 사내 때문이리라. 전시장을 휘 둘러보는데 그 그림 앞에선 왠지 보기 싫어서 멈추고 싶지 않았다. '내'가 저럴 리 없다는 생각에서다. 지나치면서 생각해보니 저건 고혁진 화가의 눈에 비친 또 하나의 '나'라는 생각이 들어 다시 한번 들여다본다. 그래도 미웠다. 그래서 다시 가다가 생각해본다. 다른 사람의 눈에 비친 '나'를 이해하지 못하는 '나'는 도대체 누구인가? 하는 생각에 다시 한번 들여다본다. 이제야 조금 보이는 것 같다. 그림 속에 함께 서 있는 사람들의 모습이 한결 가깝게 다가선다. 저 그림은 일본 동경에서 공연한 연극 〈아버지를 밟다〉의 커튼콜 장면이다. 옆으로 한경임도 보이고 고동원도 보인다. 갑자기 그네들의 안부가 궁금해진다.

발길을 옮긴다. 많은 사람들의 모습이 선명하게 들어온다. 바람 부는 바닷가에 앉아 소리를 내지르기 위해 숨결을 고르는 민요패 소리왓의 오영순 대표도 저만큼 앉아 있다. 오윤선 화가가 오영순 대표의 가르마를 반듯하게 갈라주었다. 그래, 군위 오씨 가문에 영광 있으라. 그 옆에는 3일이 멀다고 만나게 되는 최상돈이 멋쩍은 듯 빙새기(?) 웃고 있다. 아무리 때 빼고 광을 내도 촌티가 번지르르 흐르는 치들이 있다. 한경면 중산간 청수가 고향인 최상돈을 볼 때마다 나는 그런 생각을 하는데, 그게 그의 멋이다. 아마 그림을 그린 김영훈의 눈에도 그렇게 비친 모양이다. 현기영 선생도 언제 내려왔는지 함께 하고 있다. 강요배 형이 데려왔음을 금방 알 수 있다. 장소가 용두암이 아니어도 좋다. 그 눈은 수평선에 맞닿아 있다. 바다를 바라보면서 메모를 하고 있는 모습이지만 한켠에 놓인 술병에 더 눈이 간다. 술잔을 들어 현기영 선생은 옛 사랑 마리아의 이름과 먼저 간 친구들의 이름을 불렀으리라. 그 옆에는 깊은 그늘이 자리하고 있다. '그늘'이라는 제목 탓일까? 꽤 오래 그 그림 앞에 서 있었다. 그늘의 주인공이 고원종 형이었다는 건 나중에야 알았다. 몇 걸음 옮기니 4·3 전문기자라 불러도 손색이 없을 김종민 기자도 와 있다. 고길천 형이 데려왔다. 목탄으로 그린 듯한데 윗도리 호주머니에 꽂힌 동백꽃이 유난히 붉다. 한 걸음을 다시 옮긴다. 이 사람이 빠져서야 어디 될 말인가? 정공철 심방이다. 굿을 하는 모습인데 송락 대신 머리에 빨간 띠를 두른 걸 보니 사갓집 굿은 아닌 것 같고 4·3 위령굿을 하는 품새다. 옆으로 보이는 눈빛이나 입모양을 보니 영게울림을 하는 중인가 보다. 잠시 후면 이 굿판은 단골들의 울음소리로 바다가 되어 넘쳐나리라. 송맹석이가 술 좋아하는 정심방을 이 자리에 불렀다. 그를 만난 게 언제였던가 생각하면서 걸음을 옮기는데 큰 호롱 한 쌍이 서 있다. 고원종 형의 작품이다. '분청사기 귀얄문 키 큰 호롱'이라는 이름의 이 작품에 대해선, 나로서는 고맙다는 말밖에 할 말이 없다. 그저 사람 좋은 형과 마주 앉아 술잔을 기울이며 많은 얘기를 듣고 싶을 뿐이다. 이 겨울에 그런 날을 꼭 만들어야겠다.

옆방으로 옮긴다. 방과 방 사이에 텔레비전이 있다. 화면에는 탐미협 사람들이 들락날락거린다. 이게 뭔가 하고 자세히 보니 이 역시 이번 전시의 작품이다. 강원도에서 선생노릇 하는 김수범의 작품이다. 그는 탐미협이 모이는 자리에서의 모든 것을 비디오카메라에 담은 것이다. 가만히 들여다보니 주로 등장하는 인물이 강요배 형이다. 그런데 대부분의 화면이 취해 있거나 취하기 직전의 눈빛이요, 말투다. 김수범이 카메라를 들고 있는 한 탐미협 사람들은 술도 제대로 못 먹지 않을까 하는 생각을 하다가 그만 그 생각을 접어버린다. 누가 옆에서 카메라를 들이댄다고 먹던 술을 내려놓고 내숭을 떨 그들이 아님을 너무도 잘 알기 때문이다. 그 방에도 많은 사람들이 와 있다. 박경훈과 함께 온 네 사람의 모습이 먼저 눈에 들어온다. 문충성 시인, 문무병 시인, 김상철 지회장이 나란히 있는데 그 틈에 한 여인이 서 있다. 그림에 제목이 없다. 아, 알겠다. 지원이 엄마를 그렸구나. 글쎄 저렇게 아부(?)를 하면 과연 그 약발은 얼마나 갈 것인가를 생각하며 몇 걸음 옮기니 바바리코트를 입은 낯익은 두 사람이 서 있다. 문무병 시인과 나기철 시인이다. 그 바바리코트는 오석훈 형이 해 입혔다. 무척이나 바바리를 좋아하는 두 시인이 기분 좋아 해사하게 웃는 모습이 눈에 선하다. 갑자기 '낭만에 대하여', '에레나가 된 순이' 이런 노래가 듣고 싶어진다.

전시장을 나오면서 '관심'이라는 해묵은 단어를 새삼스럽게 떠올린다. '나'에 대한 누군가의 관심이 나에게 새로운 깨달음을 주는구나, 하는 생각을 해본다. 따지고 보면 서로를 향한 관심이 바로 삶이 아니겠는가? 우리가 꿈꾸는 세상은 어쩌면 거창한 그 무엇이 아니라 서로를 향해 따뜻한 시선으로 바라보는 것, 바로 그게 아닐까 하는 생각을 하면서 '지금 그 사람'을 한 자리에 불러 세운 탐미협, 그 사람들의 안부를 물어 본다.

(제주문화예술, 2002년 겨울호)

어긋남과 낡음의 만남, 그 아름다움
— 하종오 시인의 시 「시어미가 며느리년에게 콩 심는 법을 가르치다」를 읽고

 문청시절이었다. 시가 무언지도 모르면서 무작정 서점에 들러 낯선 시집들을 뒤적이던 시절이었다. 그때 내 눈에 와 박힌 시집 하나가 바로 심상치 않은 제목의 『벼는 벼끼리 피는 피끼리』였는데 나는 선 채로 책갈피를 걷어 넘기다가 호주머니 속을 만지작거렸고 급기야는 거금(?) 1,500원을 투자해서 하종오라는 시인 한 사람을 내 안에 두게 되었다.
 '우리야 우리 마음대로 할 것 같으면 / 총알받이 땅 지뢰밭에 알알이 씨앗으로 묻혔다가 / 터지면 흩어져 이쪽 저쪽 움돋아 / 우리 나라 평야 이루며 살고 싶었제 / 우리야 참말로 참말로 참말로 / 갈라설 수 없어 이 땅에서 흔들리고 있는기라' 라고 끝맺음하는 「벼는 벼끼리 피는 피끼리」를 읽고 '벼' 라는 것도, '피' 라는 것도 결국 하나의 땅에 살기 위하여 움을 틔우고 '참말로 참말로 참말로 갈라설 수 없어' 흔들리면서도 뿌리를 내리고 있다는 것을 깨우치면서 무릎을 친 적이 있었다.

그로부터 20여 년이 지났다. 지금 내 앞에는 하종오 시인의 시 「시어미가 며느리년에게 콩 심는 법을 가르치다」라는 다소 산문투의 제목을 한, 시 한 편이 놓여 있다. 읽고 또 읽었다. 좀 과장해서 표현한다면 이 시 한 편이 있어서 나는 지난 겨울을 따뜻하게 지낼 수 있었다.

외지 떠돌다가 돌아온 좀 모자라는 아들놈이

꿰차고 온 좀 모자라는 며느리년 앞세우고

시어미는 콩 담은 봉지 들고 호미 들고

저물녘에 밭으로 나가고

먼저 이 시에 등장하는 인물은 세 사람이다. '외지 떠돌다가 돌아온 좀 모자라는 아들놈' 과 그 아들놈이 '꿰차고 온 좀 모자라는 며느리년' 그리고 시어미가 전부이다. 행간을 읽어보면 시아비가 없다. 그러니 홀어미가 좀 모자라는 아들놈을 키운 것이다. 그런 아들을 키우면서 어미가 감내한 아픔에 대해선 구차한 설명이 필요 없다. '외지를 떠돌다가 돌아온 것만으로도 충분하다. 그러기에 시라고 하는 것 아니겠는가? 그런 아들놈이 '좀 모자라는 며느리년' 을 꿰차고 온 것이다. 모자라는 아들놈이 꿰차고 온 며느리가 '성한 년' 이기를 바랐다면 지나친 욕심이다. 꿰차고 온 것만으로도 감지덕지해야 할 일 아닌가? 돌아온 것만으로도 고맙고, 꿰차고 온 것만으로도 장한 일이다. 며느리년이 내 집에

와 한솥밥을 먹게 되었으니 이젠 인생을 가르쳐야 한다. 저물녘에 '콩 담은 봉지 들고 호미 들고' 둘이서 밭으로 간다.

  입이 한 발 튀어나온 며느리년 보고
  밥 먹으려면 일해야 한다고 핀잔주지는 않고
  쪼그려 앉아 두렁을 타악타악 쪼고
  두 눈 멀뚱멀뚱 딴전 피는 며느리년 보고
  어둡기 전에 일 마쳐야 한다고 눈치주지는 않고
  콩 세 알씩 집어 톡톡톡 넣어 묻고

  명색이 대를 이을 며느린데 호의호강은 못 시켜줄망정 뉘엿뉘엿 해가 지는데 밭일을 가다니? 며느리는 영 내키지 않았을 터이다. 데려가지 말라고 말리지 않은 서방놈이 야속하기도 했을 터이다. 손에 일이 잡힐 리가 없다. 시간만 때우자는 속셈이다. 딴전만 피운다. 여기서 중요한 것은 이런 며느리년에 대한 시어미의 태도이다. 시어미는 '밥 먹으려면 일해야 한다고 핀잔' 도 주지 않고, '어둡기 전에 일 마쳐야 한다고 눈치' 도 주지 않는다. 시어미는 그저 묵묵히 온몸으로 며느리년에게 삶을 가르치는 것이다. '좀 모자라는' 아들놈을 따라와 준 '좀 모자라는' 며느리년이 시어미의 깊은 뜻을 알아주었으면 하는 마음으로 말없이 솔선수범하고 있는 것이다. '쪼그려 앉아 두렁을 타악타악 쪼' 면서 '콩 세 알씩 톡톡톡 넣어 묻' 는 시어미의 행동거지가 예사롭지 않다.

시어미가 밭둑 한 바퀴를 다 돌아오니
　　며느리년도 밭둑 한 바퀴 뒤따라 돌아와서는
　　저 너른 밭을 놔두고 뭣 땜에 둑에 심는다요?
　　이 긴 하루에 뭣 땜에 저녁답에 심는다요?
　　며느리년이 어스름에 묻혀 군시렁거리고
　　가장자리부터 기름져야 한복판이 잘 되지
　　새들도 볼 건 다 보는데 보는 데서는 못 심지
　　시어미도 어스름에 묻혀 군시렁거리고

　이 대목에 이르면서부터 이 시는 그 속내를 드러내기 시작한다. '너른 밭을 놔두고 뭣 땜에 둑에 심'느냐, '긴 하루에 뭣 땜에 저녁답에 심'느냐는 질문에 시어미는 '가장자리부터 기름져야 한복판이 잘 되지'라고 답한다. '새들도 볼 건 다 보는데 보는 데서는 못 심'는다고 한다. 그렇다. 시어미가 며느리년에게 가르치려했던 건 단순히 콩 심는 법이 아니었다. '새로운 생명'을 심는 법을 가르치려했던 것이다. 좀 모자라는 아들놈이 '밤농사' 짓는 법에 관한 한 까막눈일 것 같아 그보다 조금은 나을 성싶은 며느리년에게 그 비법을 전수하려 했던 것이다.

　　다 어두운 때 집에 돌아와 아들놈 코고는 소리 듣고
　　히죽 웃는 며느리년에게 콩 남은 봉지와 호미 쥐어주고

시어미가 먼저 들어가 방문 쾅 닫고

그런데 이게 웬 일인가? 때를 맞춰 집으로 돌아왔건만 좀 모자란(아니, 많이 모자란) 아들놈은 코를 골며 자고 있는 것이 아닌가? 엎친 데 덮친 격으로, 잠자는 서방 옆구리라도 비틀어 깨우고는 밤농사를 지어야 할 좀 모자란(아니, 더 모자란) 며느리년은 그런 서방을 보고 '히죽' 웃고 있는 게 아닌가? 그야말로 십 년 공부 도로아미타불이다. 부아가 치밀어 오른다. 밭에 나갈 때 손수 들고 갔던 콩 봉지와 호미를 며느리년에게 내팽개치고 '방문 쾅 닫고' 시어미는 제 방으로 가버린다.

모자라다는 것은 정상적이지 않다는 것이다. 어긋나 있다는 것이다. 그리고 늙었다는 것은 낡았다는 것이다. 시쳇말로 고물이라는 것이다. 그러나 보라. 어긋나고 낡은 것들이 만나 빚어낸 이 세계야말로 오히려 눈물겹도록 아름답지 아니한가? 참 따스하지 아니한가?

독자들이여! 걱정할 필요 하나 없다. 열 달 지나 그 집 앞을 지나쳐 보라. 좀 모자란 년놈들이 빚어낸 새 생명의 울림이 우렁우렁 천방을 뒤흔들고 있을 테니까.

(시평, 2003년 봄호)

3부
섬땅의 사람들

변방에 부는 바람 그리고 망망한 바다, 현기영

1.

 제주에서는 해마다 봄이 시작되는 즈음에 들불축제라는 행사를 한다. 마른 풀 삭정이에 불을 놓아 태워버림으로써 땅을 기름지게 하고, 마소를 방목하기에 앞서 진드기를 없애는 이중의 효과를 노려 옛날부터 마을 단위로 이루어지던 것이 축제로 승화되어 오름 하나를 송두리째 태우는 행사인데, 그 모습이 여간 장관이 아닌지라 그 불길을 보기 위해 수만의 인파가 몰려든다고 한다.
 지난 들불축제 기간에 현기영 선생이 고향을 찾았다. 들불축제를 보기 위해 일부러 오신 건 아니고 다른 일로 왔다가 때마침 들불축제가 열리는 걸 알고서는 한번 가보자고 제안을 했다. 차를 몰고 가는데 불을 놓을 샛별오름에 가까이 갈수록 차가 막혀 도저히 앞으로 나아갈 수가 없어 먼발치에서 잠깐 보기만 하고는 되돌아 온 적이 있었다. 돌아오는

차 안에서 선생님은 별로 말이 없으셨다.

왜 들불을 보자고 했을까? 어느 정도 입소문이 난 축제에 가면 몰려드는 사람에 치여 파김치가 된다는 걸 뻔히 알면서 선생은 왜 들불을 보고싶어 했을까? 혹시 4·3 당시 자신의 향리를 태우던 그 불꽃을 망연히 바라보던 당신의 유년을 다시 들추어내려 한 건 아닐까?

현기영을 기억하는 사람 치고 그의 고향이 제주라는 걸 모르는 이는 드물 것이다. 그 '제주'라는 고유 지명이 섬 전체를 지칭하든 행정구역으로 제주시만을 지칭하든 그건 그리 중요하지 않다. 왜냐하면 그는 제주시의 외곽 노형함박이굴이라는 마을에서 태어났지만 그의 작품 속의 고향은 섬 전체라 해도 과언이 아니기 때문이다. 장두 이재수의 삶과 죽음을 그린 『변방에 우짖는 새』에서는 대정에서 제주성에 이르는 웃한질이 그의 고향이며, 일제 식민지 치하에서의 해녀 항쟁을 다룬 『바람 타는 섬』에서는 우도를 비롯한 세화·하도리가 그의 고향이다. 4·3 항쟁을 현대사의 지평에 자리매김한 『순이삼촌』에서는 북촌리가 그의 고향이고, 『마지막 테우리』에서는 동거믄오름을 포함한 제주의 자연이 그를 키운 고향이다. 다시 말해 현기영의 '고향을 찾아서'는 제주의 역사와 자연이 만나는 지점이 전부 그의 태를 사른 땅, 고향인 셈이다. 그런데 정작 그의 태를 사르고 유년 시절을 보낸 함박이굴은 지명으로만 남아 있을 뿐 지도에서 사라진 지 이미 오래고 사람들의 기억 속에서도 가뭇없이 지워지고 있다.

2.

　비를 잔뜩 머금은 먹구름이 낮게 내려앉고, 되받아치고 갈라치는 섬바람이 요란스럽게 몰아치던 날, 그의 태손땅 '함박이굴'을 찾았다. 한라대학으로 접어들어 〈늘봄 가든〉이라는 제법 큰 식당 쪽으로 우회하여 그 길을 따라 조금 가다 보면 나타나는 곳이 바로 '함박이굴'이다. 4·3 당시 소개령(疏開令)으로 마을 사람들은 해안으로 내려가고, 마을은 군경이 지른 불더미에 의해 사라져버린 곳이다. 새로 들어선 집들이 듬성듬성 눈에 띠고 그 당시 집이 있었음을 입증이라도 하듯 대밭자리가 띄엄띄엄 바람에 흩날리고 있다. 대숲 옆 유채밭에는 샛노란 유채꽃이 한창이고 그 가운데 새순을 달고 나온 나무 한 그루가 눈부시게 싱그럽다. 어린 현기영은 이 어디쯤에서 동무들과 어울려 보리밭 사이를 헤치며 유년을 보냈을 것이다. 보리 타작을 마치면 땅에 떨어진 보리 고고리를 주워 입 주위가 시커멍해질 때까지 구워먹었을 것이다. 어디서 나왔는지 한 무리의 어린아이들을 만났다. 어디 사냐고 물으니 노형이라고 한다. '함박이굴'이 어딘지 아느냐고 재차 물으니, "함박이굴? 혹시 만장굴 아니에요?" 한다.

　'함박이굴'에서 유년을 보낸 현기영은 관광지로 알려진 용두암 옆 '한두기'라는 마을에서 서울로 유학길에 오를 때까지의 대부분을 보낸다. 가난, 아버지의 부재, 문학에 대한 열정에서 오는 가슴앓이를 쓸어내리기 위해 수도 없이 용연계곡 오솔길을 배회했을 것이며, '서한두기' 바닷가에 앉아 망망하게 펼쳐진 바다를 향해 가슴속 얘기를 한없이 털어놓았을 것이다. 언젠가 추석을 쇠기 위해 고향을 찾은 선생이 가족들을 먼저 서울로 보내고는, 소주나 한잔 하자며 그곳으로 부른 적이 있었다. 가 보니 선생은 방파제 위에 앉아 개다리소반에 한치 한 접시 올려놓고 혼자 소줏잔을 기울이며 그저 망연하게 밤바다를 바라보고 있었다. 어릴 적 앉았던 그 자리에 백발이 성성한 선생이 그때의 모습으로 앉아 있는 것이다.

물론 지금 '한두기'는 옛날의 '한두기'가 아니다. 해안선을 따라 도로가 생겨나고 도로를 따라 횟집이 즐비하게 늘어서 있다. 시내에 위치해 있으면서도 찾는 사람이 비교적 뜸한 곳이어서 그런지 연인들의 모습이 띄엄띄엄 눈에 띤다. 이곳에는 물 좋기로 유명한 물통이 있다. 특히 그 물통은 바다와 바로 맞닿아 있어서 바다에서 멱을 감고 몸을 헹구기에는 안성맞춤이다. 남탕 여탕으로 나누어진 물통에서 여탕을 훔쳐보며 몸을 헹궜을 소년 현기영을 떠올려 본다. 그러나 지금 그 물통에는 물이 없다. 비단 여기만이 아니다. 골프장이 들어서고 중산간 개발이 시작되면서 몸 담그기조차 힘들만큼 시원하게 쏟아지던 생명수가 말라버린 것이다. 물통에 물이 나지 않으면 그곳은 여지없이 쓰레기장으로 변모하고 만다. 쓰레기더미로 채워진, 한때 그의 온몸을 시시콜콜 바라보았을 텅 빈 물통을 보면서 현기영은 무슨 생각을 했을까?

3.

　현기영 하면 사람들은 너나없이 『순이삼촌』을 떠올린다. 이제 『순이삼촌』은 이미 소설이 아니라 역사 그 자체이다. 『순이삼촌』을 말하지 않고 어찌 4·3을 말할 수 있으랴. '한두기'에서 빠져 나와 그의 문학적 고향이자 『순이삼촌』의 배경인 북촌으로 간다. 바다 끝에 서서 한라산을 배경으로 고즈넉이 앉아 있는 북촌 마을을 바라본다. 어둠이 내리기 시작한다. 금방 비라도 내리려는 듯 하늘이 잔뜩 찌푸려 있다. 멀리 마을 가운데 서 있는 팽나무가 눈에 들어온다. 아마 저 나무들은 4·3 당시 북촌 옴팡밭, 당팟, 너븐숭이에서 벌어진 죄 없는 수많은 주검들을 묵묵히 지켜보았으리라. 바다 쪽으로 시선을 돌린다. 손에 닿을 듯 달여도가 한눈에 들어온다. 바닷바람에 섬이 흔들리는 것 같다. 1980년대 초반으로 기억하는데 겨울 방학을 맞아 선생이 고향을 찾았다. 우리는 마치 접선이라도 하듯 조심스럽게 그를 탑동에 있는 허름한 술집 2층 다락에서 만났다. 그날도 바람이 세차게 불고 있었다. 얘기가 잠시 그치자 칼바람이 창문을 마구잡이로 흔들어댔다. 그는 귓불을 후려치는 저 소리가 싫다고 했다. 바람길 구름길을 떠다니는 원혼들의 울음소리 같아 소름이 끼친다고 했다.
　북촌을 빠져 나와 수백의 주검이 쌓여 있었던 옴팡밭을 잠시 들르려는데 느닷없이 비바람이 몰아치기 시작한다. 차에서 내릴 엄두가 나지 않는다. 주저하다가 다음에 다시 찾기로 마음을 고쳐먹는다. 얼마 전까지만 해도 황사로 인해 하늘이 누렇게 내려앉더니만 오늘은 비바람이 정신없이 몰아친다. 멀리서 번갯불이 하늘을 가르며 번쩍인다. 쉬 개일 것 같지가 않다.

(대산문화, 2002년)

제주의 살과 뼈를 그리는 화가, 강요배

　일요일 아침, 하귀로 가는 시내버스에 몸을 싣고, 그가 살고 있는, 속칭 군냉이로 간다. 그가 엮은 글모음집 『방황』을 펼쳐보지만, 눈에 들어오지 않아 책 속에 실린 그림만 대강 훑어보고 이내 책을 덮는다. 시내를 벗어나자 시야가 넓게 트이면서 멀리 한라산이 들어서고 눈높이에 맞춰 물마루가 섬을 에워싼다. 어제까지만 해도 따스한 봄기운이 파릇한 대지를 어루만지고 있었는데 오늘 따라 바람 끝이 매섭고 하늘은 온통 회색빛이다. 그의 집을 찾아가는 내 마음은 아랑곳하지 않고, 버스는 기계음을 내면서 무념무상하게 달리고 있다.

　그랬다. 『우리교육』에서, 강요배의 인물탐구를 써 달라는 청탁을 나는 정중하게 혹은 강단지게 거절하면서 수화기를 내려놓았어야 옳았다. 이러지도 저러지도 못하고 어정쩡하게 서 있는 내 모습을 꿰뚫기라도 하듯 "그럼 승낙하시는 걸로 알겠습니다. 감사합니다." 하고 통화가 마무리된 후, 그의 집을 찾아가는 지금까지 머릿속에는 온통 강요배뿐이다. 그러나 헛된 일이다. 그가 고향 제주를 다시 찾은 이후, 우리는 같은 예술단체에서 술에 탐닉하면서 날 새는 줄 모르게 예술과 역사를 토하고 인간과 자연을 말하면서, 그에 대해 나도 남만큼은 안다고 생각했는데 막상 '그는 누구인가?' 라는 물음 앞에서 그저 멍할 뿐이다.

    사람이 사람에 대해 말한다는 것이 얼마나 버거운 일인가를 새삼 절감하면서 그가 작업실을 겸해 살고 있는 방문을 두드린다. 평소 그에게서 받은 인상 때문일까, 아니면 냉랭한 작업실 분위기 때문일까? 차가운 바람이 엄습해온다. 한쪽 구석에 놓인 소파에 앉아 맞은편에 거대하게 서 있는 그의 그림을 바라보면서 솔직히 나는 몸서리치는 전율을 느낀다. 제주 4·3 50주년을 맞아 그가 준비하고 있는 '4·3 역사화전'에 내놓을 「뼈노래」라는 작품이라 한다. 왜 저리도 무거워야 하는지, 왜 저렇게 끝간 데 없이 어두워야 하는지, 웃는 듯 비웃는 듯, 아니면 절규하는 듯 찢어져라 입을 벌린 저 해골은 도대체 무엇인지…. 나는 아무 말도 못하고 다시 한번 그에 대한 취재를 후회하고 있을 뿐이다. 언젠가 새벽에 그의 집을 찾았을 때처럼 한켠에 깔린 멍석에 앉아 막걸리를 풀어놓은 채, 만사 제쳐놓고 술이나 마셨으면 하는 생각밖에 없다. 허나 어찌할 것인가. 이미 물은 엎질러졌고 되건 안되건 나는 그에 대해 써야 하는 것을….

어린 시절, 비료포대 속장에 그린 그림들

어색함을 무릅쓰고 우선 그의 어린 시절로 돌아가기로 한다.

"어린 시절? 주로 드른돌(거석동)에 살았주, 삼양2동. 그때 생각나는 건 찢어지게 가난했다는 거, 그것뿐. 가진 거라곤 우영밭 닮은 밭뙈기 하나. 살기는 동네 친척이 빌려준 초가막살이에 살고…."

1952년, 그가 출생한 당시 섬사람들의 삶이 대개 그랬지만 그는 가난 속에서 나고 가난과 함께 어린 시절을 보낸다. 그 때문이었을까? 그는 아버지로부터 공부하라는 소리를 들어본 적이 없다. 뿐만 아니라 부모님으로부터 어떠한 간섭도 받아본 적이 없다. 그 흔한 담배 심부름 한 번 해본 적이 없다. 어찌보면 가난이 가져다준 무관심일 수도 있겠으나, 그는 간섭하지 않는 부모님의 남다른 교육철학(?)에 힘입어 어려서부터 자기 일은 스스로 알아서 하는 습성이 몸에 배게 된다. 그는 지금도 어떤 틀에 얽매인 생활이나 반복적인 일상에 대해서는 몸에 맞지 않는 옷을 입은 것처럼 어색해할 뿐 아니라 아예 훌훌 벗어버리고 만다.

그건 그렇고, 그는 도대체 언제부터 그림을 시작했을까? 그림과 만나는 지점이 남다를 것이라는 기대감으로 질문을 던진다.

"첫 그림? 국민학교 입학허영 미술시간에 그렸주. 경헌디 난 그때 그림 그리는 게 잘도 재미있대. 3, 4학년 되니까 공부시간에 그리는 거 말고도 혼자 집에서 많이 그렸주. 요새야 영화다 비디오다 색감이 알록달록 다양허주만 그땐 아주 단순했지. 보이는 거라곤 산, 돌담, 초가집, 나무, 바다, 이런 거밖에 없고, 고작 해봐야 미술책에 나오는 그림들뿐이라났주. 그런 걸 놓치지 않으려고 집에 와서 달력 뒷장에, 비료포대 속장에 막 그렸지. 정말 재미있고 좋았던 거 닮아, 그때."

그가 그림을 좋아하고 가까이 할 수 있었던 배경에는 아홉 살 위인 그의 형이 자리잡고 있다. 그림을 잘 그렸고 또 좋아했던 형은 그림에 재능을 보이는 아우를 위하여 잡지에서 마네나 모네의 그림을 오려 예쁜 화첩을 만들어 주었고, 빛이 사물에 닿았을 때 그림자는 어떻게 생기고 변하는지에 대해 손수 그려 보이면서 설명해 주었다.

그의 삶과 그림에 있어서 빼놓을 수 없는 또 한 사람이 있다. 다름 아닌 그의 어머니이다. 그가 고등학생이 된 후에야 알게 된 사실인데, 유년 시절에 그가 그린 그림들을 어머니는 당신이 애지중지하는 궤 속에 차곡차곡 보관해 두신 것이다. 〈동물원〉이라는 어린이 그림책을 빌려 보다가 그림이 하도 고와서 그대로 복제하다시피 그려 만든 그림책이며, 미술책에 나오는 그림을 본뜬 것이며, 그의 표현을 빌면 거품이 빠각빠각 나오는 조악한 물감으로 그린 풍경화 등이 40년 가까운 시간을 고스란히 간직한 채 지금도 여전히 살아있다. 그중에 그가 12살 때 그린 〈축구 생각〉이란 그림이 있다. 그 나이에 그는 샤갈처럼 생각이나 마음을 표현하고 있었고 자신의 의지대로 색감을 선택하는 색채의 자율성을 깨치고 있었다.

초등학교 시절을 마감하고 그는 오현중과 오현고에서 미술부 활동을 통해 그림에 대한 허기를 꾸준히 채워 나간다. 드른돌에서 오현단까지 (지금은 오현중·고가 화북으로 옮겨졌지만) 어떻게 다녔냐는 멋쩍은 질문에, "어떵 다니긴, 새벽 조반 먹고 고들고들 걸어서 다녔지. 차 타기도 힘들고, 돈도 없고 새벽운동 삼아 꼬닥꼬닥 다닌거지 뭐. 이디저디 자연풍광도 구경허멍…."

말이 고들고들이고 꼬닥꼬닥이지 어림잡아 어른 걸음으로 한 시간은 족히 걸리는 거리를 잘도 다녔구나 싶다. 하기야 그는 지금도 웬만하면 걸어 다닌다. 물론 자가용도 없다. 벗들과 어울려 통음을 하고 버스가 끊겼을 때를 제외하곤 먼 거리는 버스 편으로, 그렇지 않으면 구부정하게 구부리고 경중경중 걸어다닌다.

고3이 될 때까지 그는 화가가 아니라 건축학도를 꿈꾼다. 그림을 그렇게 좋아하면서도 왜 건축학도를 꿈꾸었을까? 물론 가난 때문이다. 우선 돈을 벌어야 한다는 생각이 앞섰고, 학업성적만으로도 자신감이 있었다. 그러던 그를 다시 그림으로 잡아끈 것은 다름 아닌, 제주의 자연이다. 고3 어느 봄날, 들판을 흐드러지게 수놓은 유채꽃을 보면서 그는 자유분방하게 살고 싶은 욕망과 함께 건축학도의 꿈을 접고 다시 붓을 잡는다.

그때만 해도 미술 실기평가는 석고데생 위주여서 석고를 제대로 접해보지 못한 그는 낙방이라는 고배를 마시게 되고, 그후 선배 화실에서 공부한 끝에 서울대 미대에 합격한다.

"지금도 마찬가지 생각인데 자기가 좋아하는 그림을 그리면 되는 거지 뭐하러 석고데생으로 평가를 하는지 원. 할 수 이서? 경해도 꾹 참고 공부했지 뭐."

박정희 군사정권이 영구집권을 위해 서슬 퍼런 유신을 선포하던 그 해, 그는 72학번으로 대학생활을 시작한다. 유신정권, 대학생활, 그리고 4·3 역사화를 떠올리면서 혹시 그도 대학시절 소위 '운동권'은 아니었을까?

"난 아니라." 의도한 대로 대답이 나오지 않을 때 질문자는 머쓱해진다. "그때만 해도 난 예술가는 예술가로서의 신비로운 세계, 자기만의 세계가 있다고 믿었어. 예술의 독자적인 세계가 따로 있는데 사회 현실과 연결시키는 것에 대해 대수롭지 않게 생각해났주."

대학 시절 강요배는 예술의 동반자이자 소중한 마음의 벗 한 사람을 만난다. 한때 한겨레신문 독자들에게 아침마다 시원하게 똥을 누게 해주던, 지금은 4·3의 역사를 한 편의 애니메이션으로 담아내고자 혼신의 힘을 쏟고 있는 박재동이 바로 그 사람이다.

"재동이하고는 같은 과 같은 학번인디, 둘 다 촌놈이어서인지 뜻이 잘 통하는데. 같이 자취도 하고 아무튼 줄기차게 붙어다녔어. 예술에 대해서, 인간에 대해서 진지한 토론으로 날을 새면서…."

박재동과의 만남에 대해선 이만 줄이기로 하자. 우선은 내가 잘 모르

고 또한 이 글의 본래 취지도 아니므로.

창문여고 교사 시절 '파격적인' 열린 수업

군대를 제대하고 대학을 마친 강요배는 서울 창문여고 미술교사로 일단 사회에 첫발을 내딛는다. 그러나 그의 꿈은 결국 화가이지 미술교사는 아니었다.

"너무 좋더라. 아이들을 가르친다는 게 정말 신나더라고. 생각해보면 그때 교장선생님도 퍽이나 포용력이 있는 분이라난 것 닮아. 교사들도 의기투합해서 생기발랄한 학교를 만들려는 의지가 대단했고…."

그의 글모음집 「방황」에 수록된 글 가운데 교육현장의 체험을 바탕으로 쓴 미술 교과서의 내용 분석은 그가 교육현장에서 얼마나 애정을 가지고 생활하고자 했는지 극명하게 보여준다. 그는 '학생들이 주체가 되어서 이들의 체험이 발랄하게 발표되고 이를 서로 교환하는 학생미술문화'의 실현을 위해 모든 학생이 더불어 함께 참여하는 미술 수업을 실천한다. 학급 학생 모두가 참여하는 걸개그림 만들기는 물론, 운동장 전체를 하나의 화폭으로 삼아 커다란 주전자에 물을 담아 그림을 그리는가 하면, 교내 미술제의 전시 공간을 학교 전체로 설정하는 등 그는 미술에 관한 한 '파격적인' 열린 수업을 이미 실천하고 있었다.

그 무렵 동료교사들과의 열띤 만남은 그로 하여금 역사와 사회에 대한 인식의 지평을 넓혀 주는 계기가 된다. 그가 '현실과 발언' 동인으로 활동을 시작한 것도 이때쯤이다. 교직생활 5년만에 그는 학교를 그만둔다. 미술교사로서의 삶과 그림쟁이로서의 삶 중에 확실하게 후자에다 방점을 찍은 것이다. 오직 그림만을 위해 그는 일러스트레이션 회사에 입사한다.

"출근해서 퇴근할 때까지 그림만 그렸주. 그때 안 그려본 그림이 없어. 모기, 파리, 꽃, 새, 쥐…. 이제 와서 생각하면 그때 작업이 미술의 재료나 그림의 기법을 이해하는 데 참 좋았던 거 닮아."

그는 우리나라의 아동도서에 나오는 삽화나 만화에 대해 불만이 많다. 대부분 전문성이 결여되어 있고, 그러다 보니 이웃 나라 일본의 아류로 전락하고 있다는 것이다. "물론 다는 아니지만, 아동도서에 나오는 삽화 하나, 만화 한 컷을 보더라도 성의가 없어. 전문성도 없는 것 같고. 늑대 한 마리 제대로 그린 걸 못 봤다니까."

『바람 타는 섬』 삽화 그리며 4·3 새롭게 인식

흔히들 강요배 하면, 그를 아는 사람들은 먼저 4·3을 떠올리게 된다. 그럴 만도 한 것이, 지난 1992년 첫선을 보인 4·3 연작 「동백꽃 지다」에서 받은 인상은 한 마디로 충격과 흥분, 그 자체였으니까. 그렇다면 그로 하여금 4·3에 천착하도록 붙잡아 맨 계기는 무엇일까?

"제주 사람이 4·3에 대해 무관심할 수가 있나? 관심은 계속 가지고 있었는데 〈한겨레신문〉이 창간되면서 연재한 현기영 선생의 소설 『바람 타는 섬』에 삽화를 그리게 되면서부터 고향에 대해 새롭게 받아들이게 되었주. 소설 내용이 4·3 전사(前史)에 해당하는 이야긴데, 참 소중한 경험이고 또 많은 걸 배웠어. 삽화 그리멍…."

'아, 그렇구나. 4·3에 관한 한 강요배라는 산 뒤에는 현기영이라는 보다 큰 산이 버티어 서 있었구나.'

연재가 끝날 무렵, 그가 다니던 회사도 재정적인 문제로 끝이 나고 그는 졸지에 실직자가 된다. 설상가상으로 건강까지 악화되어 위장의 일부를 도려내는 시련을 겪으면서 그는 가난과 땅의 시련보다 더 가혹한 것이 역사의 시련임을 깨닫는다. 그는 가슴속에 응어리진 4·3의 검은 장막을 걷어내고자 서울 변두리에 있는 수색에 똬리를 틀고 피바람으로 얼룩진 역사의 미로를 거슬러 떠났다가 3년 만에 50점의 화폭에 강요배만의 4·3을 화폭에 담고 우리들 곁으로 돌아온다.

그렇다면 그는 4·3을 어떻게 보았을까? 4·3 연작 「동백꽃 지다」에 수록된 그의 글을 인용해 본다.

"혹독한 바람은 수백 년을 두고 외세의 침탈로 몰아쳤다. 참으로 혹독한 바람이 내가 태어나기 4년 전 오랜 식민지 백성이 해방의 깃발을 휘날리던 날, 저 태평양을 건너와 이 작은 섬을 후려치고 삼키었으니 이 피의 바람이 바로 4·3이다. 그리고 독한 바람에 맞서, 그것을 갈라친 저항이 4·3이다."

그는 이 4월에 다시 4·3을 준비하고 있다. 4·3 50주년을 맞아 지난번 선보인 「동백꽃 지다」를 포함하여 일곱 점의 큰 그림이 추가되는 전시가 바로 그것이다. 4월 3일부터 12일까지는 서울 인사동 학고재 화랑에서, 4월 18일부터 24일까지는 제주 세종갤러리에서, 아직 끝나지 않은 4·3을 혼돈과 몰가치의 세기말에 다시 화두로 끄집어내고 있는 것이다.

그에게 들은 얘긴데, 이번 전시에서 새롭게 선보일 「흙노래」라는 작품을 그리는 동안, 한 서린 제주의 노동요 백여 편을 틀어놓고 반복해서 들으면서 그 느낌과 가락을 그림에 담았다 한다. 그래서 그는 그 작품을 볼 때마다 그 민요 가락이 귓가에 쟁쟁인다고 말한다.

4·3에 대한 이야기를 마무리하면서 그에게 물었다. 앞으로도 4·3에 대한 작업을 계속할 것이냐고.

"글쎄, 계속 다룬다기보다는 좀더 살아봐야겠지. 역사라는 게 오늘의 시점에서 바라본 것만이 전부 옳은 것은 아니니까. 분단시기의 역사이니만큼 분단 극복 단계에 따라 보다 성숙한 시각으로 들여다보는 계기가 주어지겠지 뭐…."

바람처럼 팽나무처럼

강요배, 그는 지금 고향 제주에 산다. 보통 사람 같으면 시쳇말로 한

번 '뜨기' 위해 서울로 몰려드는데 그는 거꾸로 4·3 연작을 통해 세인의 관심이 집중되자, 혈혈단신 고향에 내려와 '맵찬 칼바람에 살점 깎이운' 팽나무처럼, '먹구름을 휩쓸어 황무지를 후려치는' 바람처럼 살고 있다.

1994년으로 기억하는데, 그는 제주에서 「제주의 자연」이란 개인전을 가진 바 있는데 솔직히 말해 나는 그의 4·3 연작에서 보여준 흥분이라든가 숭고한 아름다움보다 그의 숨결로 여과된 그의 '자연'을 더 좋아한다. 그의 자연전을 보면서 내 눈길을 사로잡은 건 단연 「호박꽃」이다. 아니, 호박꽃도 그림의 소재가 될 수 있다니, 호박꽃은 꽃도 아니라는데 어쩌면 저리도 순박하고 소탈하면서 복스러울 수 있단 말인가? 그가 호박꽃을 통해 보여주고자 했던 것은, 꽃 그 자체가 아니라, 우리네 섬의 삶이 아니었을까? 저 꽃을 침탈하려는 칼바람에 맞서 자신을 지키고자 치떨었던 그 몸부림, 그것이 바로 우리네 역사가 아니었을까?

그의 '자연'에 대해 이야기하다가 엉뚱하게 한마디 던진다. 혹시 제주를 떠날 생각은 없냐고.

"내가 왜 떠나? 이 바람, 이 바당, 저 드르를 놔두고 가긴 어딜 가? 지금껏 나를 키운 가장 큰 가르침은 바로 이 자연이라." 나는 그 말을 듣고 「제주의 자연」도록에 실린 그의 글에 눈길을 준다.

"고난의 땅을 온 육신으로 일구어 흙과 하나가 된 저 제주 할머니, 저

분이 스러지면 누가 이 대지를 어루만질 것인가?"

 그의 배웅을 받고 집으로 돌아오면서 다시금 그를 떠올려 본다. 잡힐 듯 잡히지 않는다. 사람이 사람을 안다는 것은 어쩌면 불가능한 일인지도 모른다고 생각하면서 한마디 덧붙인다. 섬의 역사와 자연이 중층적으로 만나면서 강요배라는 한 인간의 예술과 그 정체성이 끊임없이 다듬어지고 만들어지고 있는 건 아닌지….

(우리교육, 1998년)

돌에 생명을 불어넣는 돌하르방, 송종원

1.

송종원 선생을 만나기 위해 약속장소로 발길을 옮긴다. 10년이면 강산도 변한다는데 40년 가깝게 오로지 돌과 함께 살아온 사람, 아니 돌밖에 모르는 사람. 그는 틀림없이 돌하르방의 생김생김을 하고 있으리라. 손 마디마디는 옹이 박힌 흔적으로 무딜 대로 무디어져 있을 것이고, 왕방울 눈매에는 서늘한 웃음이 가득할 것이며, 밀짚모자 눌러쓴 채 밭일 마치고 집으로 돌아오는 이웃집 할아버지처럼 몸에선 흙 냄새 땀 냄새가 물씬 풍겨나리라. 이런저런 생각을 하며 약속장소에 들어선다.

몇 분이나 지났을까, 어떤 분이 들어오는데, 느낌으로 봐서는 영 아니다 싶은데 혼자 두리번거리며 들어오는 품이 이상해서 "저, 실례지만 혹시 송종원 선생님…."

말을 채 끝내기도 전에 "기다리게 해서 죄송합니다. 제가 송종원입니다." 라고 대답한다. 순간, 나는 당황스러움을 얼른 감추고 우선 자리에 앉기를 권한다. 기대와 상상이 한꺼번에 무너지는 순간이다. 만나면 여쭤보려고 기억 속에 메모해둔 이야깃거리는 다 날아가 버리고 예정에 없던 허튼 말이 느닷없이 튀어나온다.

"40년 가깝게 돌만 만진 분이어서 아마도 이러이러한 인상을 지녔으리라 생각했는데, 마치 시골학교 교장선생님처럼 근엄하고 단정하십니다."

"시내에 나올 일이 거의 어십주. 특히 식당에서 사람 만나긴 처음이고. 낮부터 외방 갈 준비를 해십주. 근데 집사람이 극성입디다. 촌하르방 같이 차려 입어서 망신당하지 말라고."

2.

이제 와서 후회해 본들 소용없지만, 이런 식당에서 만나지 말아야 했다. 실례를 무릅쓰고라도 선생님의 작업장에서 만나야 했다. 거기에 앉아서 그분의 땀 냄새도 맡고, 돌가루도 마시면서 얘기를 나누어야 했다. 다시 찬찬히 선생님의 모습을 훔쳐본다. 아무래도 의아심이 가시지 않는다. 누가 봐도 첫인상이 시골 훈장이지, 거친 돌을 깎는, 이른바 '돌챙이' 같지가 않다. 그래서 조심스레 다시 물었다. 돌하르방을 깎는 송종원 선생님이 정말 맞냐고.

"맞수다. 제가 송종원입니다. 솔직히 말해 나도 배울 만큼 배웠수다. 제주대학 영문과를 졸업해십주. 오현고는 4회 졸업이고, 북국민학교는

40회. 국민학교 때는 월반제도가 이서 나신디, 나는 재수 좋게 월반을 해서 동창들보다 1년 빨리 졸업을 해십주. 지금 중앙성당 뒤에 있는 김윤봉 내과 원장도 나영 같이 월반 허영 학교 다닌 친구우다."

그러면 그렇지. 이 사람에게는 돌 냄새가 아니라 어딘지 모르게 먹물 냄새가 배어 있는 듯했다. 그 무렵 대학까지 나왔다면 여간한 일이 아닐 텐데 어떻게 돌을 만지는 험한 길을 택했을까? 혹시 부모님의 가업을 이은 건 아닌가?

"우리 집안은 돌하고는 아무 관계가 없어. 내가 7남매 중에 막내인데 아무도 돌하고는 인연이 어신 셈이주. 내가 돌을 만지기 시작하니까 우리 집에선 난리가 났어. 7남매 중에서 대학 마당 구경한 게 나 혼잔데, 어떻게 나온 대학인데 대학 값을 못하고 상스러운 돌을 만지냐고, 우리 부모님은 물론이고 형님들, 동네 사람들까지도 저놈 돌에 미쳤다고, 미쳐도 단단히 미쳤다고, 완전히 미친 놈 취급을 해났주. 그래서, 형님들이 삼일이라도 좋으니까 부모님 체면을 생각해서 직장생활을 해달라고 하도 다그치길래 마음에는 없었지만 보건소에 잠깐, 시청에 잠깐 근무해났주. 그러다가 교사발령장이 나오니까 어쩔 수 없이 발령을 받았지. 경상북도 어느 중학교로 발령을 받았는데, 가면서 마음을 단단히 먹었어. 비록 부모님 성화에 못 이겨 어쩔 수 없이 가지만 2~3년만 하고는 반드시 돌아오겠다고. 그러고는 꼭 2년 6개월만에 돌아와 버렸지. 왜냐하면, 최소한 '선생님' 하면 머리 속에는 아이들만 생각해야 하는데 내

머리 속에는 온통 돌 생각뿐이었거든. 학생들한테 너무 미안해서 도저히 견딜 수가 없었어."

참 대단한 집념이구나 싶다. 그렇다면 돌과 친하게 된 계기가 남다를 것 같아 물어보았다.

"글쎄, 이제 와서 돌이켜보면 그게 나도 참 신기하단 말이야. 그 좋은 길 다 버리고 왜 돌가루를 마시며 여태껏 살아왔는지…. 그런데 곰곰 생각해보면, 어릴 때부터 돌을 참 좋아해난 거 닮아. 학창 시절, 고산 윤선도의 「오우가(五友歌)」를 배우면서도 유독 돌에 대한 시조만 머리에 들어왔거든. 또 한 가지는 대학 졸업 무렵인데, 무슨 까닭에서인지는 딱 꼬집어 말할 수는 없는데 괜히 세상이 싫더라고. 모든 게 허무하고…. 그때 문득, 아, 나는 15년(1년 월반했으니까) 동안 헛공부 했구나 하는 생각을 지울 수가 없었어. 그래서, 이제부터라도 인생을 다시 살아야겠다, 제일 밑바닥부터 살아봐야겠다고 마음을 먹었지. 그 무렵, 밑바닥 생활이라면 부두에서 짐을 나르든지, 리어카를 끌고 행상을 하든지 해야 하는데 나는 그럴 체격은 못 되고 그냥 모든 걸 다 버리고 돌을 손에 잡은 거지."

잠시 머뭇거리다가 다시 말을 잇는다.

"그 무렵인데 한내가 크게 터지면, 속돌 ―지금은 송이라고 하는데 ― 그게 둥둥 떠내려오는 거라. 붉은 색깔의 돌이 둥둥 떠내려오는데, 참 신기하더라고. 그 돌을 주워다가, 지금 칼호텔 자리 삼성혈 가는 입구에 3미터가 넘는 돌하르방이 있었거든. 그 모양이 하도 마음에 들어서 한번 만들어 보았지. 속돌 다루는 데는 일자(一字)드라이버가 좋은데, 영 말허민 거짓말이랜 헐 거라, 대못 가져다가 망치로 때려서 끝같이 납작하게 만들어 공구로 썼지. 제대로 모양이 나올 리 없었지만, 한 2~3일 하니까 돌하르방 비슷한 모양이 나오는 거라. 참 신기하더라고. 그게 내가 만든 첫 돌하르방인데 지금 제주민속박물관장하는 친구, 진성기 씨에게 주면서, 내가 만들었다는 걸 아무에게도 말하지 말아 달라고 신신당부를 했어. 왜냐하면 집에 누를 끼치기 싫었거든. 그래서 지금은 고인이 된 강태석 씨가 이 돌하르방 누가 만든 거냐고 끝까지 물었지만 진성기 씨는 나하고 한 약속 때문에 말하지 않았다 그래. 나중에 들은 얘긴데, 그 돌하르방은 어떤 사람이 하도 달라고 해서 줘 버렸는데 미국으로 가져갔다고 해. 그 후론 나도 몰라."

제주 말 가운데 '팔자 그르쳤다'라는 말이 있다. 집안 내력으로 보아 심방과는 아무런 인연이 없는데 시름시름 앓다가 어느 날 연물소리에 귀가 트이고, 그 소리만 들으면 마음이 편안해져서 결국 심방의 길로 나선 사람을 두고 하는 말이다. 송종원 선생과 이야기를 나누면서 '참 이분도 전생에 돌과 떼려야 뗄 수 없는 인연을 가졌구나. 만약 돌을 만지지 않았다면 어떤 삶을 살고 있었을까?' 하는 생각이 들었다.

제주 사람이라면 누구나 그렇듯이 4·3은 그에게도 피해 갈 수 없는 질곡이었다. 그 무렵 그는 아버지를 여의고 누님과 함께 정실을 떠나

용담동, 지금의 제주중학교 입구 연자방앗간이 붙어 있는 초가집 마루방에서 빈털터리의 삶을 시작한다. 말이 삶이지, 죽지 못해 사는 것이나 진배없었다. 보리밭에 나는 풀을 뜯어다가 소먹이 사료로 쓰는 쌀겨를 체로 쳐서 낸 가루를 섞어 범벅을 만들어 먹으면서 어린 시절을 보낸다. 그러다가 제주시 남문통으로 집을 사서 옮긴다. 집을 사지 않으면 안 되었던 까닭은 4·3 당시 형님이 크게 부상을 입었는데 환자가 있으면 집을 빌려주지 않았기 때문에 어쩔 수 없이 빚을 지고서라도 집을 사야만 했다. 결국 형님은 돌아가시고, 송종원 선생은 결혼을 한다. 결혼을 했지만 마땅히 살 곳이 없어 당시 진성기 씨가 운영하던 민속박물관에 설치된 전시용 초가집에 세간을 들여놓고, 관광객들에게 방구석은 물론이고 부뚜막까지 드러낸 채 신접살림을 한다. 진성기 선생이라면 지금 삼양동에서 민속박물관을 운영하고 있는 민속학자인데, 그분과의 인연이 유별날 듯싶어 물어보았다.

"그 친구는 중학교 동창이라. 지금 같으면 학급 친구가 아파서 결석이라도 하게 되면 전화를 해서 많이 아프냐 묻기도 하고, 병문안도 가겠지만, 그때는 그럴 여유가 생기지 않을 때라 났주. 내가 아파서 3개월 동안 학교를 가지 못하는데, 어느 날 그 친구가 노란 봉투에 생강과자하고 사과를 들고 병문안을 온 거라. 어찌나 고맙던지 눈물이 나더구만. 그때 그 친구는 무명으로 된 옷을 입고 모자를 쓰고 다녔던 게 생각나. 그 후로 우리 둘은 아주 가까운 사이가 되었는데 결국 그 친구는 국문과로 가고 나는 영문과로 진학을 했지. 다 옛날이야기라."

지금은 돌하르방을 만들거나 돌 작업을 하려면 돌을 사다가 작업을 해야 한다. 그런데 송종원 선생이 작업을 시작하던 무렵은 돌 작업이 일반화되어 있지 않았을 터인데 그렇다면 돌을 어떻게 구해서 썼을까 궁금해서 물어보았다.

"집 주변에는 그런 돌이 없고, 제일 가까운 곳이 연미마을 민오름 동북쪽 길가에 그 돌이 이서 나서. 그 돌을 구하기 위해 배낭 지고, 나무 자르는 나대, 막 무딘 거 들고, 아침 일찍 오름에 오르는 거라. 조금만 늦어도 안 되거든. 왜냐하면 동네 사람들 만나면, 에이고, 저, 저, 돌에 미친 놈, 영 말허거든. 새벽에 오름에 강, 밭담 속돌 중에 기공이 고른 것들만 잘 추려서 배낭에 담고 으슥한 곳에서 낮을 보내다가 사람이 잘 다니지 않는 어수룩헐 때쯤에 산을 내려왔지. 그걸 가지고 손 가는 대로 막 만들었어. 돌하르방도 만들고, 호랑이도 만들고…. 팔아봤자 생활비에는 전혀 도움이 안 됐지만."

3.

그는 교사를 그만둔 후, 돌 만지는 일 이외에 어떠한 일도 해본 적이 없다. 어리석으리만큼 우직하게 돌과 벗삼아 살아온 것이다. 그러다 보니 어느덧 그의 이름도 시나브로 세상에 알려지게 된다. 돌에 대한 그의 집념과 손재주가 결국 국가적으로 인정 받아 1991년에는 국내 장인들

중에 최고의 권위자에게만 부여하는 '명장'으로 당당하게 자리잡는다.

"명장이라고 해봐야 능력을 인정해 준다는 것이지, 경제적으로는 전혀 도움이 안 돼. 1년에 50만 원 정도 지원해 주는 게 고작이라. 그 돈 해봐야 1년에 한 번씩 열리는 전국 명장전에 참가하는 교통비 정도밖에 안 되지 뭐. 돈 벌어서 호의호식하겠다고 생각했다면 이미 돌에서 손을 뗐어야지. 처음 시작할 땐 기념품 크기의 돌하르방 하나 만들면 일이백 원 정도 받았는데 그걸로 담배 한 갑 사고 술 한잔 하면 금방 없어져. 그러니 생활이 될 리가 있나? 지금 생각하면 안사람한테 너무 미안해. 옷 한 벌 사준 적 없고, 식당 구경 한번 시켜준 적이 없어. 싫은 내색 없이 꾹 참고 내 옆에 있어준 것만으로도 너무 고마울 뿐이야. 정말 나는 돈 하고는 인연이 없어."

돈 얘기가 나오길래 미안함을 무릅쓰고 재차 물었다.

"그렇다면 결혼하고 생활은 어떻게 했습니까?"

"생활이랄 게 있나? 그 동안 끊겼던 돌하르방의 맥을 이었다는 보람 말고는 아무 것도 없어. 돈 얘기 하니까 생각나는데 나도 돌 만지면서 몇 번 돈 만질 기회가 있기는 했지. 하도 오래된 얘기라서 기억이 가물가물한데, 어떤 육지 분인데, 나이가 72세라고 했던가? 불상을 제작하는 분이었는데 그 양반이 하는 말이, 불상·사자상·돌하르방을 각각 하나씩 주면 그걸 석고로 떠서 내다 팔면 돈이 될 거라고 하길래, 몇 가지를 주니까 만들어 왔더라고. 그래서 시내 몇 군데 토산품점에 갖다놔

봤는데 될 리가 없지 뭐. 몇백 원 수금하고는 그냥 포기하고 말았어. 또 어떤 분은 돌하르방을 만들어 육지로 보내주면 팔아서 돈을 보내겠다고 했는데, 난 안 했어. 돈 한푼이 아쉬울 때였지만. 왜냐하면 언제부턴가 돌하르방을 함부로 만들면 안 되겠다 하는 생각이 들더라고. 1980년도라고 생각되는데, 제주도에 있는 토산품점 25개 업체의 책임을 맡은 적이 있었는데 당시 도지사가 서울에 돌하르방 직매장을 개설하라고 지시했는데 난 끝까지 반대했지. 왜 반대했느냐 하면 지금도 나는 돌하르방은 제주도에 있어야 한다고 생각해. 관광객이 기념으로 돌하르방을 사고 싶으면 당연히 그 하르방의 고향인 제주에 와서 사게 해야지, 왜 우리의 상징인 돌하르방을 땅 설고 물 설은 타관객지에 보내느냐 말이여. 또 요즘 돌하르방 만드는 사람들한테도 나는 이렇게 말해. 하루에 열 개 만들 생각 말고 하나를 만들 생각을 해라. 그 대신에 모든 정성을 다 쏟아서, 누가 보아도 아, 이건 상품이 아니라 문화재다, 라고 생각하게끔 예술품을 만들라고 말해. 무조건 숫자만 많이 만들어서 싸게 팔 생각 말고 하나를 만들어도 열 개, 스무 개 만든 것보다 더 비싸게, 더 값어치 있게 만들어야 한다고 말이지. 그렇지 않으면 돌하르방도 이젠 끝장이라."

4.

언제부턴가 그는 상품을 제조하는 기술자가 아니라 예술품을 창조하는 작가의 길을 가고 있는 것이다. 그 동안 그가 창조해낸 굵직굵직한 작품들을 보면, 신제주로터리 조형물을 비롯해서 제주MBC 벽면에 새긴 탐라여명 벽부조, 충혼묘지 뒤에 있는 조각품, 제주여성회관에 있는 해녀군상, 제주대학 도서관 양쪽에 새긴 십장생도 등이 있고, 돌하르방으로는 도청 입구, 경찰청 입구, 주식회사 현대 건물 앞, 중문관광단지 등 그의 손으로 다듬어지고 그의 숨결로 생명을 얻은 갖가지 조형물들이 그와 함께 살아가고 있다. 그는 돌하르방 작업을 주로 해오면서 틈 있을 때마다 제주 여인의 모습인 물 붓는 여인상을 작업하고 있다. 한 가지 일에 30년을 넘게 몰두하다 보면 귀가 트일 법도 한데, 선생님은 자기 작품에 대해 어떻게 생각하고 계실까?

"선생님의 작품을 포함하여 '물 붓는 여인상' 이나 '돌하르방' 의 형상에 대해 직접 제작한 입장에서 어떻게 생각하십니까?"

"그게 제일 어려운 문제라. 30년 넘게 돌을 다루었지만 얼굴이나 형상에 자신이 없어. 갈수록 힘들어져. 여인상은 당연히 제주의 여인을 닮아야 하는데 그게 잘 안 돼. 하면 할수록 어렵다는 생각이 들어. 아무리 다듬고 쪼아봐도 옛날 우리 어머니의 얼굴과 모습이 살아나질 않아. 한때는 되건 안 되건 닥치는 대로 막 만들었지만, 이젠 그렇지를 못해. 능력이 모자라서 못 만들면 못 만들었지, 아무렇게나 다루어서는 절대로 안 되는 거라. 그건 따지고 보면 우리 조상들 얼굴에 침 뱉는 꼴이고, 결국 내 얼굴에 침 뱉는 꼴이지 뭐. 돌하르방도 마찬가지라. 아직 멀었주. 대강 90퍼센트까지 모방은 가능해. 그러나 느껴지는 감각이 달라. 옛날 돌하르방은 오랜 세월 지나면서 자연 풍화되고 그러면서 이끼도 입으니까 포근하고 친근감이 더해지는 것은 있지만, 확실한 것은 아직까지도 난 돌을 잘 모르겠다는 거야. 돌과 한 몸이 되어 돌의 무늬, 돌의 숨결, 돌의 마음까지도 읽을 수 있어야 돌을 제대로 만질 수 있는 거주. 오랜 경험과 노력 없이는 절대로 불가능해. 아직도 멀었어."

새삼스럽게 장인정신이란 말이 뇌리를 스친다. 한 우물만 파며 살아온 40년 가까운 세월, 그렇게 찾아 헤맨 완벽함의 경지는 아직 보이지 않는다. 훌훌 털고 돌아서자니 여태껏 살아온 세월이 허망하기만 하다. 이제 와서 아쉬워한들 무슨 소용이랴? 이왕 나선 길, 끝간 데까지 가볼 밖에.

마지막으로 한 마디 물었다.

"선생님이 하시는 일이 여기서 그쳐서는 안 될 것 같은데 앞으로 어떻게 하실 생각인지요?"

한참 말이 없으시다가 담뱃불을 끄면서 천천히 말문을 연다.

"글쎄, 돌하고만 살다 보니 내 집 한 채 장만하지 못하고 살았지. 지금 사는 곳도 법으로 따지면 불법이야. 밀감밭 귀퉁이에 창고 허가를 받아서 그곳에 방 하나, 부엌 하나 만들어서 살고 있는데, 내겐 집보다 작업할 공간이 더 필요해. 그 작업장에서 누구의 주문이나 부탁 없이, 정말 누가 보아도, 아니, 내 자신에게 부끄럽지 않은 돌하르방 하나 꼭 남기고 싶어. 더 이상 욕심도 없어. 패기 하나로 미친 듯이 이 길에 들어섰을 때에는, 영실 바위에다가 커다란 부처상을 내 손으로 새기고 싶었거든. 지금 생각하면 황당무계하지만. 이젠 그저 정성을 다해서 부끄럽지 않은 돌하르방 하나 남겼으면 해. 불행인지 다행인지 큰아들이 못난 애비 뒤를 이어서 나서겠다고 하는데, 한때는 무조건 말리고 싶었지만 지금은 나도 생각이 달라졌어. 정말 하고 싶으면 애비를 뛰어넘어야 한다고만 말하고 있어. 잘했으면 좋겠어."

5.

이제 송종원 선생은 대를 물려가며 제주의 돌을 끌어안고 살아야 할지도 모른다. 당신의 고생을 되돌아보면 어찌 대 잇기를 바라랴마는 어느덧 그는 자신의 손에 의해 생명을 얻은 수많은 돌을 제 식솔로 거느리고 있는 것이다.

선생과 오랜 시간 얘기를 나누다 마무리를 해야될 것 같기에 한마디 건넨다.

"선생님은 돌이라는 것을 어떻게 생각하십니까?"

"돌?"

한참 동안 말이 없으시다 천천히 입을 연다.

"글쎄, 40년 가깝게 생각했는데 아직도 모르겠어. 그런데 말이야, 언제부턴가 내 눈에는 돌의 눈이 조금씩 보이는 것 같아. 살도 보이고 웃음도 보이고 울음도 보이고…. 그런데, 자네는 어떻게 생각해? 돌에 대해서."

"예?"

느닷없이 되돌아온 질문에 나는 말 그대로 돌처럼 굳어지고 만다. 그리고는 곧 후회한다. 마지막 질문은 정말 괜히 했다고.

(제주작가 창간호, 1999년)

신인동락의 세상을 꿈꾸는 神의 刑房, 김윤수

1.

 오전에는 봄 날씨처럼 쾌청하더니 오후가 되면서 하늘이 낮게 내려앉고 주위는 어둑하다. 버스는 제주시에서 벗어나 삼양과 신촌 사이 속칭 진드르 길을 달린다. 휴일 오후여서 그런지 버스 안은 텅 비어 있다. 여름이면 길가 원두막에 수박을 쌓아놓고 골판지에 '꿀수박', '냉수박'이라고 쓴 어눌한 간판을 내걸고는 지나가는 사람들의 눈길을 사로잡느라 분주했을 텐데 초겨울 진드르 길가 넓은 밭에는 파릇한 겨울 배추로 가득하다. 버스는 신촌초등학교 앞에 나를 내려놓고 휑하니 가버린다. 취재 약속이 없었다면 저 버스를 타고 창 밖 구경이나 하면서 종점까지 가고 싶다는 생각을 잠깐 동안 해본다.
 소위 대가(大家)를 만나러 가는 길은 언제나 그랬듯이 설렘 반 긴장 반이다. 한 방면에서 대가를 이루었다는 것은 이루 말할 수 없는 고통을 인내하면서 미친 듯이 매달리지 않으면 감히 꿈도 못 꾸는 일이기 때문이다. 특히 그 분야가 무속(巫俗)이라는 특수한 경우라면 그가 걸어오면서 감내할 수밖에 없었던 고통과 아픔은 가히 짐작이 가고도 남는다. 하지만 다른 사람을 찾아갈 때만큼 긴장하지는 않아도 될 것 같다. 김윤수 심방과는 오래 전부터 알고 지내오던 터라 큰 부담은 없으나 집으로 직접 찾아가서 녹음기를 가운데 놓고 대면하기는 이번이 처음인지라 쑥스럽고 어색하기는 마찬가지다.

    신촌주유소에서 길 건너 상둣거리로 가서 지나가는 사람에게 이름 석자를 대면 집을 알려줄 것이라는 말을 되새기면서 상둣거리로 간다. 길가에는 아무렇게나 핀 쑥부쟁이가 처연하게 곱다. 날씨 때문인지 거리엔 사람들이 보이지 않는다. 이래 주왁 저래 주왁 하노라니까 지팡이를 짚고 가는 할머니가 보여, 김윤수 심방어른 댁이 어디냐고 물으니, 할머니는 눈을 동그랗게 뜨고는 심방이라고 부르면 기분 나빠할지 모르니 회장댁이라고 부르라고 하면서 집 위치를 상세하게 일러준다. 회장이라는 꼬리표는 그가 중요 무형문화재 71호 칠머리 당굿 보존회 회장이기 때문에 붙여진 것이다.(이 글을 쓰면서 호칭에 대해 고민하지 않을 수 없었다. 평상시 만나면 회장이라고는 하는데, 회장이라고 쓰려니 무슨 재벌 그룹 총수를 일컫는 것 같아 재미가 없고, 심방이라고 부르자니 집을 안내해준 할머니의 각별한 충고가 생각나서 망설이다가 이도 저도 아닌 선생님이라고 쓰기로 한다.)

2.

할머니가 얘기해준 대로 찾아가 보니 바닷가에 접해 있는 그저 평범하고 단아한 단층 양옥집이다. 현관문을 열고 들어가니 선생님이 반갑게 맞아준다. 거실에 앉아 취재 동기를 밝히고 녹음 준비를 하는 동안 선생님은 안방에서 주무시는 사모님을 깨워 커피 주문을 한다. 커피잔을 가운데 놓고 이런저런 주변 얘기를 주고받는다. 취재에 익숙치 않은 필자로서는 첫 질문이 항상 고민이다. 망설이다가 선생의 유년 시절로 돌아갈 심산으로 질문을 건넨다.

"언제부터 신촌에 왕 살기 시작했수과? 어릴 때부터우꽈?"

선생은 1946년 제주시 '남수각'이란 곳에서, 부 김성연과 모 홍명화의 2남 1녀 중 장남으로 태어난다.

"내가 태어난 집이 큰아버지네 집인디 할아버지가 그디 살았주. 나는 열네 살까지 그디서 살아시난 어린 시절은 남수각에서 보낸 거지 뭐."

첫 대답부터가 심상치가 않다. 분명히 아버지가 계신데 큰아버지네 집에서 살았다는 말이 호기심을 자극한다.

"아니, 부친이 계신디 무사 큰아버지네 집에서 사셨수과?"

"우리 아버지? 우리 아버지가 축항공사를 맡앙 일을 해나신디, 원래 집에 잘 오질 않했덴허여. 영 말허믄 어떵헐지 몰라도 좀 난봉꾼 기질이 이선, 깡패 같은 생활을 허여노난 우리 어머니가 살 수가 없었던 거라. 내 나이 네 살 되던 해, 어멍 아방이 누겐지도 모를 때에 어머니는 육지로 물질을 가부렀주. 말이 물질이지 실은 도망을 간 거라, 아방 피허연. 경허난 난 큰아방네 집, 하르방 밑에서 클 수밖에 없었주. 경허단 혼 10년 후에, 열네 살 되던 해에 어머니가 개가허연 제주에 다시 온 거라. 이모님한테 느네 어멍 왔덴헌 말을 들언 아방 몰르게 어멍 만나레 탑동에 가신디 저녁이 되니까 아방이 눈치를 채 가지고 짚차를 몰안, 의붓아방이영 어멍이영 다 죽여불겠다고 달려온 거라. 몬딱덜 겁이난 다 곱았주. 그 후제도 아방 몰르게 솔짝솔짝 어멍신디 갔다오멍 살았주."

선생은 남수각에 살면서 동국민학교를 졸업하고 그 당시 제주경찰서에 야간학교가 있었는데 그곳에서 공부를 한다. 제주에서는 심방을 두고 '팔자 그르쳤다' 고 한다. 다시 말해 심방은 심방의 길로 들어서지 않으면 안 될 운명을 타고 태어난다는 것이다. 그렇다면 김윤수 선생의 집안은 언제부터 심방의 운명을 안고 있었을까?

"우리 집 조상은 산천에서 내려온 심방이주. 우리 집안은 조상 대대로 손이 귀했다 허여. 6대조 할아버지 산터가 조천 괴평동에 이서. 그 할아버지가 돌아가시난 풍수들을 불렁 산자리를 써신디, 그때 지관이 허는 말이, 이 자리에 산을 쓰민 자손은 번창허는디 후손들 중에 심방이 날 팔자이고, 하관시가 되민 서쪽에서 삼석연물 소리가 날 건디 그때 하관을 허라, 영 골았다 허여. 아니나 다를까, 서쪽 괴평동에서 삼석연물 소리가 나는 게 아니라? 그때를 맞춰서 하관을 했다 허여. 그 지관 허는 말이 그대로 맞아떨어진 거라. 그후로 우리 집안에선 증조부가 처음으로 심방일을 허였주. 그 어른 풍채가 대단히 좋았다 허여. 경허난 굿을 해도 막 센 굿, 정신 이상헌 사람들 병 고치는 굿을 경 잘했댄허여. 경허고 우리 하르방네가 형제인디 두 분 다 심방 일을 했고, 큰아버지, 셋째아버지가 심방일을 했주. 우리 대엔 나허고 사촌 형 두 분이 이 일을 허고 있고."

인간 세계에는 과학으로 규명하지 못하는 일들이 너무나 많다. 산자리로 말미암아 심방이 될 수밖에 없는 운명을 안게 되었다는 것도 그러려니와 대물림으로 내려오고 있다는 점도 일반사람들이 받아들이기에는 납득이 가지 않을 터이다. 선생과 이야기를 나누면서 인간의 운명이란 인간의 의지와는 무관하게 이미 규정되어 있는 것은 아닌가 하는 생각이 머리를 떠나지 않는다.

"선생님의 선친들은 그렇다손 치고 선생님은 어떵허연 굿을 허게 되었수과?"

"어릴 땐 우리 할아버지, 큰아버지가 심방인 것이 너무 부끄러웠주. 내 나이 열네 살에 할아버지가 돌아가시고 얼마 없어 큰아버지가 돌아가셨는데 그때부터 이유 없이 몸이 아프기 시작허는 거라. 나중에는 학교도 다니지 못헐 만큼 아판 꼭 죽어짐직만 허여. 그때 큰어머니가 허는 말이, 너는 큰아버지 뒤를 이엉 심방을 해야 병이 낫고 몸이 건강해질 거랜 허는 거 아니? 어떵헐거라. 살젠허믄 헐 수가 이서? 처음으로 큰어머니를 따라 서부두에 요왕제를 드리는 디 따라간 게 이 심방길로 들어서게 된 거주. 굿허는 디 따라댕기단 보난 어디 아픈 디도 없고, 병도 다 나아불고."

비록 병은 나았지만 굿판에서 보낸 선생의 청소년기는 좌절과 방황 그리고 고통의 연속이었다.

"열여섯 살 때라. 우리 외삼촌도 심방인디 악기를 정말 잘 쳤어. 하루는 삼양에 굿을 따라갔는데, 그때는 바닷가 모래밭에 천막을 쳐서 굿을 해신디, 나가 설쇠를 치단 오꼿 졸안 가락을 놓쳐분 거라. 경허난 그 외삼촌이 북채로 설쇠채로 머리를 때리는데 하, 너무 서럽대. 아무도 몰르게 삼양 바닷가에 강 잘도 울었어. 너무너무 서러워서. 그때부터 오기가 생기데. 경허연 부지런히 배웠주. 그 덕분에 그 무렵 우리 또래 심방들 중에 연물은 내가 제일 잘 친댄 헌 말도 듣고."

그러면서도 그의 방황과 고난은 늘 그를 따라다닌다. 열일곱 때 그는 큰아버지네 집에서 나와 떠돌이 생활을 한다. 그의 표현으로 '동문로타리에서 주먹으로 껄랑껄랑허멍 둥그러다니던' 시절을 보낸다. 그러던 그에게 나이 어린 심방으로서는 감당하기 힘든 시련이 찾아온다.

"큰어머니가 서문통에 살 땐디, 열여덟 살엔가 큰어머니를 따라 한림에 굿을 허래 갔주. 그디 가난 그 동네 청년들이 나한티 '새끼심방' 이랜 놀리멍 돌맹이로 막 맞히는 거 아니? 나한티 밖으로 나오렌 허멍 말이여. 혈기 왕성헌 그 나이에, 참앙 될 일이라? 큰어머니신디 만약에 나가 오지 안 허걸랑 제주시로 간 줄 압서, 영 해둰 밖에서 동네 청년들허고 한판 붙었지. 야, 여러 명이 한꺼번에 달려드는디 당해낼 재간이 없대. 이제 맞아 죽는구나 하고 생각하는데 옆에를 보니 어른 팔뚝만한 장작이 보이길래 그걸 들고 정신없이 휘둘렀지. 경허연 거기서 도망을 쳤는데 한림에서 곽지까지 한 번도 안 쉬엉 뛰어와졌대. 그후론 심방일 허고 싶은 생각이 어서진 거라. 벗들이영 어울려다니멍 '에이 심방질 설러부러야지.' 마음 먹고 무작정 서울을 갔주. 그때 명동 깡패 두목이 '장마사오'라는 사람인디 삼양사람이라. 그 사람 밑에서 깡패질허멍 지내는디, 한 10개월쯤 지내신가, 다시 몸이 아파오기 시작허는 거라. 정말 죽어질 정도로 아프대."

이쯤 얘기를 듣다보니 '팔자 그르친다'는 말이 다시 새삼스럽게 다가온다. 신비스러움이나 놀라움이 아니라 어떤 전율 같은 느낌이라고나 할까? 인간에게는 분명 설명할 수 없는 어떤 업(業)이라는 것이 분명히 존재하는가 보다. 인간의 의지만으로는 벗어날 수 없는 어떤 보이지 않는 굴레가 있는 것이구나 라는 생각을 해본다. 담배 한 대를 피우더니 선생은 다시 담담하게 말을 잇는다.

"다시 제주도로 내려왔지. 굿판 쫓아다니면서 다시 연물 치고 하니까 아픈 것도 언제 그랬냐는듯이 깨끗이 나았어. 그 무렵에 외도에 문창옥이랜 허는 심방이 이서신디 나는 그분네 집에 살았어. 그 시절엔 굿을 배우젠 허믄 그 심방네 집에 몸종으로 들어가서 나무도 해오고 굿은 일도 도맡아 허멍 굿도 배우고 굿판에도 같이 다니고 했지. 그때부터 본격적으로 굿판엘 다닌 거라. 그때 고생헌 거 생각허믄 지긋지긋허여. 요새 심방들은 차가 이시난 차를 탕 굿허레 댕기주만 그때사 차가 이실 말이라, 경운기가 이실 말이라? 어디 중산간쯤에 내일 아침부터 굿이 이시믄 오늘 밤 연물덜 지곡허영 길을 나사는 거라. 밤길을 걸으멍 선생심방이 옛말 곧듯이 본풀이를 골아주민 그 말을 잘 새겨들었당 아침에 굿을 허는 거라. 경허멍 하나씩 둘씩 배웠주. 악기 치는 것도 꼼꼼히 배워주지 않허여. 굿판에서 어른덜 치는 거 잘 봐뒀당 어디 낭 허레 가지믄 지게작대기로 장단 연습을 했주. 연물은 함부로 건들지도 못해나서. 소리 연습은 바당에 강 목에서 피가 나도록 연습을 했주. 매 맞아가멍 욕 들어가멍."

그러다가 그는 스물세 살의 나이로 육군 하사관에 입대한다. 군 생활을 하면서는 굿을 할 수 없으니까 아프지는 않았냐고 물으니 군에서는 기합이 들어서인지 아프지 않고 3년 동안 무사히 군복무를 마치고 고향으로 돌아왔다 한다.

그가 심방으로서 제2의 인생을 시작할 수 있었던 것은 신촌에 살고 있는 고군찬 심방을 만나면서부터다. 고군찬 큰심방의 슬하에는 자식이 없었다 한다. 큰심방은 선생에게 앞으로는 부모 자식처럼 지내면서 굿도 같이 다니고 명두도 물려주겠노라고 약속을 했고, 선생은 이왕에 이 길로 들어설 바에는 보다 철저히 배워서 큰심방이 되어야겠다고 마음을 먹고는 그녀의 수양아들이 된다. 그의 신촌 생활이 시작된 것이다. 그때부터 선생은 수양어머니인 고군찬 큰심방과 함께 굿판을 다니며 수양어머니의 모든 것을 빠짐없이 전수 받는다. 지금은 이미 고인이 되었지만 수양어머니에 대해서 선생은, 대단히 대가 곧고 여장부 같은 어른이었다고 기억하고 있다.

"그렇다면 선생님은 언제부터 굿을 맡앙 허기 시작헙디가?"

"스물아홉. 그 전에 작은 굿은 셀 수가 어실 정도로 많이 했지만 큰굿을 직접 맡앙 허기는 스물아홉에 처음으로 해서. 그때는 수양어머니가 살아 계신 때니까 명두를 물릴 수 어선, 그 명두를 빌어단, 공장에 강 그대로 본을 떤, 그걸로 굿을 했주. 저 봉개 강씨네 집인디, 첫 굿이고 허난 어떵 해진 지도 몰르게 그야말로 미친 듯이 허였주. 그후로 소문이 나기 시작허연 여기저기서 청허는 디가 많아지고 어떵어떵 허단 보난 오늘까지 오게 된 거주."

"무사, 큰심방이 되젠 허믄 신굿을 허여사 되는 거 아니우꽈?"

굿에 대해서 깊이 있게 알지는 못하지만 1980년대 초에 김녕에 신굿을 취재하러 가서 며칠 동안 지낸 적이 있어 물어 보았다.

"맞아. 원래는 신굿을 허여사 되는 거주. 경헌디 신굿을 허지 않고 굿을 허는 사람들도 많아. 난 마흔하나에 신굿을 허여서. 13일 동안 지금 이 집에서 허여신디, 그때는 진부옥 심방이 큰심방을 허연 신굿을 해서. 원래는 신굿을 먼저 허고 난 후에 굿을 해야 허는디, 돈이 없거든게. 나도 돈 좀 벌어지난 허게 된 거주."

3.

선생을 취재하는 동안 부인 이정자 씨는 내내 곁에 앉아서 간간이 선생의 기억을 더듬어 주신다. 지나온 날들을 돌이키면서도 결혼에 대해서는 전혀 이야기가 없어 심술궂게 한 마디 던졌다.

"게나저나 두 분은 어떵허연 만났수과?"

"몰르쿠다. 어떵사 허연 만나져신디."

선생에게 물었는데 옆에 앉아 있던 부인이 퉁명스럽게 말을 받는다.

"휴가 왕 보난 이 사람이 굿허래 댕겸대. 영 봐두었단, 군에서 제대허연 바로 결혼해부렀주."

드라마틱한 대답을 애초에 기대한 것은 아니었지만 연애담치고는 너무 밋밋하다.

"이 사람하고는 아홉 살 차이우다. 난 아무 분시 모를 때. 어떵 살아져신디도 몰르쿠다. 저 사람 젊은 시절에 어찌나 속을 썩이던지, 그때 수양어머니 어서시믄 벌써 보따리 싼 나가실 거우다. 그 수양어머니가 '참앙 살암시믄 살아진다' 허멍 달래가난 그 말 들언 참으멍 살아온 게 이때까지 온 겁주."

젊은 시절에 선생은 못하는 게 없었다 한다. 그의 아내의 표현대로 '싸움이면 싸움, 노름이면 노름, 여자면 여자, 친구면 친구' 어느 하나도 소홀히 하는 게 없어 집에 들어오는 날이 가뭄에 콩 나듯 했다 한다.

선생의 젊은 시절을 회상하며 부인이 미주알고주알 엮어가니 선생이 난처한 모양이다. 차 한 잔 더 가지고 오라는 얘기도 듣는 둥 마는 둥 젊은 시절의 비리(?)를 까발리는데 이대로 놔두었다가는 안 되겠다 싶어 두 분의 공통된 관심사로 말머리를 돌렸다.

"결혼은 그렇다손 치고, 아주머니는 어떵허연 굿을 허게 되었수과?"

"나마씀? 난 아버지가 심방일을 했고, 외가 쪽으로는 외할아버지부터 심방일을 시작해서 이모, 외삼촌이 모두 심방일을 해십주. 어린 때 함덕에 살아신디, 아홉 살땐가 가게에 술심부름을 가단 비석거리에서, 그날은 눈이 막 하영 와십주, 눈 위에 빨간 주머니가 이선, 흔들어보난 돈 소리가 나길래 어린 마음에 돈인 줄 알안 숨겨두고 이서신디 나중에 이모한테 들컨 열어보난 그게 돈이 아니고 점을 볼 때 쓰는 간재비라. 그걸 주워왔댄 어멍신디 무지허게 맞았수다. 열 살 때 제주시로 전학을 와신디, 걷지 못헐 정도로 아판 결국 열네 살부터 외삼촌 따라댕기멍 굿을 배우기 시작허고, 열아홉에 굿을 맡앙 허기 시작해십주. 난 뭐 하도 어릴 때부터 굿판에 다녀부난 특별히 어려움 같은 건 몰르고 '애기 심방' 이랜 허멍 동네 할망들이 막 아껴줘십주."

이제까지 굿을 해오면서 어떤 점이 힘들었냐고 물었다.

"힘든 건 어신디, 어릴 땐 예, 어디 동네에 굿허래 가믄, 또래 친구들이 막 아는 체허는 거 때문에 속상해났수다. 그 아이네야 그자 반가우난 경해실 테주만 난 양, 그게 그렇게 서러운 거라 마씀. 경허연 설쇠 두드리멍 팡팡 잘도 울었수다."

앞서 간재비 얘기가 나오니까 선생이 무슨 생각이 났는지 아내의 말을 가로챘다.

"난 결혼헌 후에도 저 사람, 어린 때 간재비 주웠댄 헌 말을 들어보지 못해서. 저 사람이 첫 아이 가진 땐가… 아, 내가 꿈을 꾸어신디 히양헌 하르방이 나완, 막 욕을 허멍 무사 조상을 직접 모시지 않고 남의 손에 맡겨두느냐 허멍 호통을 치는디 깨언 보난 꿈이라."

그 후로 남의 집에 가 있던 간재비를 찾아다 지금은 함께 모시고 있다.

4.

"지금까지 굿을 해오면서 기억에 남는 단골이랜 허믄 어떤 사람이 있수과?"

"기억 나는 사람이라…. 많이 있주. 송부평이라고, 지금은 화천사 신도회장허는 사람인디, 그 사람이, 옛날에 음력 정월이 되면 마을에서 포제를 허는디, 제관으로 뽑힌 모양이라. 포제를 허젠 돼지를 잡으민, 포제가 끝나기 전까지는 제물로 쓸 고기를 먹어서는 안 되는디, 아 오꼿 돼지 간인가 무신걸 먹어분 모양이라. 경허연 포제가 끝나자마자 그 사람이 오꼿 돌아부런게. 밥도 안 먹고, 눈도 돌아가불고, 그자 이래 주르륵 저래 주르륵. 그땐 수양어머니 살아계신 때난 같이 굿을 가신디, 짚배 만들고, 시왕맞이를 끝내고 푸다시를 허는디, 신칼 들렁 그 사람 앉혀놔 막 허는디, 아, 갑자기 그 사람이 정신이 바짝 돌아온 거라. 돌아완 허는 말이 '나 가켜. 빨리 짚배 띄와 도라.' 영 말허는 거 아니? 씌운 귀신이 이젠 가켄 허는 거주게. 경허연, 확 바당에 간 배방선허연 돌아 왕 보난, 그 사람 펀찍허게 다 나사부런. 그때 그 사람 막 젊은 때라. 그 런 거 보믄 참, 신기허여."

"삼양3동에 개인택시허는 사람이 이서나신디, 음력 7월이라. 막 더 운 때. 굿을 해도랜 허연 강 보난, 환자 얼굴이 황벌겅허고 다리가 너무 뽀산, 맨날 쇠소리를 해노난 식구들이 살질 못 허는 거라. 오죽해시믄 사리돈을 혼번에 혼 줌씩 먹어실 거라게. 집안 내력을 알안보난 그 사 람 족은 아방인가가 일본에서 철도에 깔련 죽은 거라. 경허고 그디 아 들이 고등학생인디 비가 막 오길래 어멍이 우산 들렁 마중 갔다 오는 길 에 죽은 배염을 본 거라. 그 탓으로 걸련. 경허연 일월조상 풀어주고 죽 은 족은 아방 저승질 쳐주고 허연 굿을 마천. 일주일 후에 강 보난 나 언 제 아파나시냐 허듯이 펀찍 좋아부런. 그 사람은 굿만 허영 낫기만 허 믄 큰아들 노릇이라도 허겠다고 말했주만 우린 그런 거 바래지도 안허 여. 낫기만 허믄 된 거 아니라?"

"군청에 근무허는 사람이 이서나신디 보리철이 되믄 진드르에 지원 을 나가는 모양이라. 경허연 직원들이영 가신디 밭에서 배염을 본거라. 일행들이 그걸 잡안 불에 구원 막 먹으렌 허난 처음엔 안 먹켄 허단 하 도 먹으렌 허난 그걸 오꼿 먹었다 허여. 집에 돌아와 신디 입이 이만큼 튀어나오고 정신이 오꼿 돌아부런. 보살 불렁 굿을 해도 낫지 않고 허난, 집에선 정신병원에 입원을 시켜분거라. 며칠에 한 번씩 각시가 면회를 가믄, 나가게 해도랜만 허는거라. 퇴원 시켠 각시가 날 찾아완 굿을 해도랜 허연, 강 일월맞이를 해주난 그냥 나사불고…. 또 용강 맨 윗동네에 가믄 전방이 하나 이신디, 어느 날 그 각시가 화분 아래 배염 두 마리 봐지난 에프킬라를 뿌련 쫓아부렀다 허여. 그 후에 남편이 눈위가 다 헤싸지고 피부도 배염 모양으로 갈라지고, 피부과여 신경과여 내과여 아맹 다녀봐도 낫질 아니 허연 날 찾아와서고. 푸다시해도랜. 경허연 배염을 그려놓고 굿을 해주난다 좋아부런."
 가만히 듣고 있던 그의 아내도 한 마디 거든다.
 "겐디예, 다른 건 몰라도 배염에 씌운 건 당장 알아짐니께. 함덕 할망인디, 우리 친정아방허고 친헌 사람 이서수다. 그 사람이 전화 완, 와보랜 허연 강 보난, 그디 아들인디, 모국회의원 조캐라. 강 보난 자기 이빨로 헛바닥을 몬 씹어부난, 헛바닥이 헤싸지고 입이 이만큼허게 튀어나완, 피는 찰찰나고 아이고 무사 영 허염수과? 허연 들으난, 그 사람이 '거멍헌 것들이 내 입안으로 들어왐져. 물러가라 물러가라, 나가라 나가라.' 허멍 막 외는 거라. 아맹해도 이상허연 제빌 좁안 보난, 꼭 칠성에 걸어진 거 닮아. 경허연 일월조상을 풀고 허여신디 나중에 알안보난, 그 집이 배를 허는 집인디, 창고에 도새기 채를 거리젠 강 보난 창고 벽에 피가 묻엉 이선, 이상허다 허멍 자세히 보난 옆에 배에 쓰는 그물이 걸어젼 이서나신디, 그 그물에 뱀이 들어갔단 나오지 못허연, 말라 죽은 거라. 또 그 사람이 오래 전에 독사 한 마리를 잡안, 병에 담안 땅에 묻어부렀덴 허여. 경해부난 뱀에 씌완 경된 거주기. 그 사람도 굿 마천 나중에 들으난 다 나산 활활 잘도 돌아다념덴."

선생은 지금 국가 중요 무형문화재 제71호 칠머리당굿보존회 회장직을 맡고 있다. 1980년 인간문화재로 지정된 안사인 선생이 돌아가시자 그 뒤를 이어 1995년 인간문화재로 지정이 됐고, 지금도 굿이 없는 날이면 보존회 사무실에 나가 이런저런 업무를 처리한다.

선생은 각종 민속행사에 참여하여 좋은 성적을 얻은 바 있다. 그 대강을 소개하면, 1990년 전국민속경연대회에서 조천읍 부녀회를 이끌고 '서우젯소리'를 지도하여 조천읍에 대통령상의 영광을 안겨주었고, 제32회 한라문화제에서는 용담1동 대표로 '영등굿약마희' 놀이를 구성, 연출하여 최우수상을 수상하기도 했다.

5.

요즘 선생에게는 몇 가지 중요한 고민이 있다. 우선 자신의 뒤를 이을 마땅한 후계자가 지금으로선 없다는 점이다. 요새 젊은이들에겐 자신이 걸어왔을 때와 같은 가혹한 수련의 길을 요구하는 것도 아닌데 치열한 장인정신이 없다는 것이다. 두 번째 고민은 제주의 전통굿을 원형대로 복원하고 싶은데 그게 보통 일이 아니라는 것이다. 다음으로는 굿을 전수할 수 있는 공간인 전수회관이 절실한데 지금까지 아무런 대책이 없다는 것이다. 후계자 얘기가 나와서 실례를 무릅쓰고 선생께 물어보았다.

"혹시 집에 아이들이 심방일을 허켄 허믄 어떵 허시쿠과?"

옆에 있던 그의 아내가 말을 가로챈다.

"사촌들이 할 의향이 이신 모양인디, 저 사름이 죽어도 못 허게 햄수게. 그 고생 물려줄 수 없뎅 허멍. 자기 눈에 흙이 들어가기 전인 안 된다 이겁주."

선생은 담담하게 창 밖을 바라보고 있다. 누군가 출중한 후계자가 나서 주었으면 하는 간절함과 내 피붙이만큼은 하지 말았으면 하는 다소 앞뒤가 맞지 않는 그의 고민이 나에게는 오히려 인간다운 아름다움으로 다가온다.

"이제 30대가 제일 막내들인디 그 아이덜 늙을 때까지야 어떵어떵 이어가겠지만 글쎄, 한 50년 후가 되믄… 김 선생은 어떵 될 거 닮아?"

"게매예, 뭐 어떵어떵 이어질 거 아닌가 마씀?"

기습적인 질문에 쓸데없는 대답을 해놓고는 이내 부끄러워진다.

벌써 주위엔 어둠이 내려앉았다. 일요일 저녁 텔레비전에서는 인기 절정의 탤런트들이 나와 우스갯소리를 하고 있지만 우리를 둘러싼 이 무거움은 좀처럼 깨질 것 같지가 않다.

술 한잔 하고 가라는 말에 잠시 망설이다 이내 돌아선다. 술을 마신다 한들 기분이 풀릴 것 같지가 않다. 대문을 나서자 바닷바람이 매섭게 덮쳐온다. 바람이 거칠어서인지 수평선엔 집어등 하나 보이지 않고 빗방울만 하나둘씩 떨어지고 있었다.

(제주작가 제3호, 2000년)

제주를 황갈색으로 그리는 화가, 변시지

1.

　예술을 하는 사람에게는 누구나 한 번쯤은 만나 뵙고 싶은 예술가가 있을 것이다. 내게 있어서 변시지 선생이 바로 그런 분이다. 미술에 대해서는 워낙 문외한인 데다가 선생과는 나이 차가 있어 말씀을 들을 기회를 가져본 적은 없지만, 언젠가 제주의 풍광을 그린 선생의 그림을 보고 묘한 감동에 사로잡힌 적이 있었다. 태양이 떠 있고 그 아래로 수평선이 가로 놓여 있고, 쓰러질 듯한 초가집 안에는 고개 숙인 한 사람이 가만히 앉아 있고, 그 뒤로는 추사의 세한도에 나오는 노송을 연상케 하는 소나무 한 그루 외롭게 서 있으며, 담 구멍이 베롱베롱한 돌담과 풀을 뜯고 있는 조랑말이 등장하는 그림이었다고 생각되는데, 그때 나는 하늘과 바다와 땅을 모두 황토색으로 표현하고 있다는 데서 신선한 충격을 받았다. 그 이후로 가끔씩 보게 되는 선생의 작품은 마치 내가 본 첫 작품의 연작처럼 어슷비슷한 섬의 풍경을 황톳빛으로 그리고 있되 초가집 안에 있던 사람이 지팡이를 짚고 어디론가 가는 모습이거나 바다의 끝에 서서 낚시를 드리우고 서 있는 모습이거나 아니면 까마귀가 사람과 벗하여 이야기를 주고받는 듯한 그림들이었다. 그런 그림들을 보면서 기회가 닿으면 선생님을 한번 만나 뵈어야지 하고 벼르고 있던 차에 기회가 주어졌다.

우선 선생에 대한 사전지식이 필요할 것 같아 정용성 화가에게 연락을 해서 자료를 요청하니 귀한 자료라 반드시 돌려달라는 말과 함께 두 권의 책자를 건네준다. 한 권은 한국미술자료연구회 자료실에서 발간한 『畵家 變時志』이고, 나머지 한 권은 인터넷 갤러리에서 발간한 『변시지』라는 제목의 화집이다.

『畵家 變時志』에는 미술평론가들이 쓴 선생의 작품에 대한 평론과 작가의 글, 그리고 작가 연표가 수록되어 있었고, 『변시지』는 28편의 그림이 수록된, 일종의 화보였다. 선생의 주요 연혁을 읽어보고 작품집에 수록된 그림들을 찬찬히 보다가 깜짝 놀라고 말았다. 지난 1996년 7월, 미국의 웹사이트 YAHOO의 인터넷 유명작가 코너에 세계적으로 유명한 세잔느, 고흐, 고갱, 르느아르 등 쟁쟁한 거장들과 함께 같은 사이트에 올라 있는 최초의 한국 작가가 바로 변시지 선생이었다. 그뿐만이 아니다. 외국 굴지의 전자 서비스회사들이 변시지 화백의 작품을 '전자카드' 상품으로 선보이고 있으며, 교육정보를 알리는 웹사이트인

'스터디 웹'에서도 변시지 선생을 소개하고 있었다. 이 코너에서는 작가별로 홈페이지 내용을 평가하여 체리의 숫자로 표시하고 있는데 변시지 화백의 경우 '비너스의 탄생'으로 유명한 보티첼리와 같은 급으로 평가받고 있었다.

2.
어렵게 선생님과 통화가 되었다. 선생님은 서귀포와 제주시 삼양 두 군데에 작업실을 갖고 있으면서 주로 서귀포에서 작업을 하는데 마침 내일 제주시에서 약속이 있다며 시간을 내겠노라고 하셨다.

다음날 약속장소에 가 보니 선생은 미리 와 계셨다. 늘 쓰고 다니는 베레모를 옆에 놓고 늘 짚고 다니는 지팡이도 내려놓으신 채 책이 몇 권 들어 있는 비닐봉지를 들고 계시다가 아직 시판되지 않은 거라며 선뜻 한 권을 주신다. 열화당 미술문고에서 나온 책인데 고려대 문창과 서동택 교수가 쓴 『변시지-폭풍의 화가』라는 책이다.

고희를 훨씬 넘어선 나이인데도 그림을 그리는 분이라 유년의 기억이 자별할 것 같아 일본으로 건너가기 전인 여섯 살 때까지의 기억을 더듬어 보았다.

"형님들 따라 댕기멍 동네 서당에서 글공부를 했어. 글 가르치는 훈장 선생은 육지 하르방인데 초가집 바깥채에서 멍석 위에 책상 놓고 허영 가르쳤지. 한 일 자부터 배우는디 종이가 하도 귀해서 형님들이 쓰던 판대기에 쓰멍 공부허는디, 물을 뜨레 가기가 실펑붓을 입에 물엉 춤 발랑 잘근잘근 씹어서 글씨를 쓰곤 허였지, 게믄 글씨에 거품이 바글바글 일어나고…. 어디 글씨가 제대로 될 말이라."

"그때야 무슨 별다른 장난감이 없었주. 동생하고 사촌동생하고 같이 노는데, 방둥이가 없으니까, 톳통시에 있는 어린 도새기 목에 밧줄을 묶엉 이랴이랴 허멍 신나게 노는디 아, 놀당 보난 도새기가 움직이질 안 허는 거라. 자세히 보니 도새기가 오꼿 죽어부렀어. 야, 이젠 큰일났다 허멍 매맞을 각오를 하고 집에 이서신디 부친이 돌아오셔 가지고 자초지종을 듣더니만 하도 어이가 없었던지 그냥 웃고 말았어."

"누님이 계셨는데 그분이 옛날이야기를 많이 해주었어. 지금 생각해 보민 아무 것도 아닌데 그땐 왜 그렇게 무섭던지…. 동네에 생이집이라고 있었는데, 그 집이 뭐허는 집이냐 허면, 동네에서 사람 죽으면 시신을 임시로 보관해 두는 조그마한 집이었주. 그 집 창문에 구멍이 뚫려 있었는데. 그렇게 무서워하면서도 그 구멍으로 안쪽이 그렇게 보고 싶은 거라. 한번은 용기를 내어서 들여다 보았는데, 다시는 볼 생각 없어, 무서워서."

"어릴 땐 정방폭포에 가서도 많이 놀았어. 지금은 밑에까지 계단이 놓여 있지만, 그때는 바위틈으로 기어 내려갔지. 그때 기억으론 폭포물 떨어지는 데가 시퍼렇고 아주 깊었던 것 같아. 그 무렵 아버지한테

들은 얘긴데 거기서 놀지 말라고, 그 물에 들어가서 살아 돌아온 사람이 없다고 하는 말을 들은 적이 있지. 그런데 마흔 넘은 나이에 다시 정방폭포를 보았는데 물색도 변했고 깊이도 아주 얕아진 것 같아. 그 이유? 사람들이 이런 저런 얘기를 하는데 잘 모르겠어."

"외할아버지네 집에 갈 때는 항상 나는 조랑말을 타고 갔는데 안장 없이 타고 가다 보니까 엉덩이 살이 다 벗겨지는 거라. 경험은 어른들은 도둑고양이 털을 뭉텅 잘라다가 나을 때까지 내 엉덩이에 붙여주곤 했지. 그리고 또 기억나는 건 말이야. 외할아버지는 비가 오면 마루에 앉아 마당에 심어진 나무들을 보다가 훌쩍 일어나서 그 나무를 옮겨 심어. 그러다가 다시 마음에 안 들면 또 옮겨 심곤 했지. 어릴 땐 몰랐는데 지금 와서 생각해 보면 마당을 아름답게 꾸미려고 그랬던 것 같아. 그걸로 보면 난 외탁한 셈이지. 어느 날은 그 할아버지가 두루마기 정장을 하고 외출을 하셨는데 밤이 되어도 돌아오질 않는 거야. 동네 사람들을 동원해서 찾아보니 뒷산에 반듯하게 누운 채 돌아가신 거지. 그 자리에 산소를 썼어."

"어느 날은 일본 순사가 마을에 와서 '다시는 서당에 다닐 수 없다, 소학교에 가라. 서당 가면 모두 잡아간다.' 하니 어쩌지도 못하고 형님들도 서당을 그만두었지. 형님들이 그만두는데 나라고 갈 수가 있나?"

선생님과 마주앉아 옛이야기를 듣다보니 그칠 줄을 모른다. 유년 시절 얘기는 그만하시고 일본 유학 시절 얘기를 좀 들려주시죠, 하기도 그렇고 해서 난감해 하는데 선생님은 어릴 때 한락산(선생님은 한라산을 꼭 한락산이라고 부르셨다. 나이 드신 분들에게서 흔히 들을 수 있는 표현이다.) 물이 얼음처럼 시원했는데 그 물에 한번 몸을 담그면 몸이 얼얼해서 아래턱이 덜덜 떨렸다는 얘기 등 끊이지 않고 말씀을 계속하신다. 어쩔 수 없이 중간에서 자를 수밖에 없다.

3.

"저, 선생님 그러니까 일본에는 여섯 살에 들어가신 것으로 알고 있는데, 어떻게 해서 가게 되었지요?"

아다시피 일제시대의 제주와 일본은 육지보다 가까웠다. 제주에서 생활이 어려운 사람들은 경제적인 문제를 해결하기 위해 군대환에 몸을 싣고 일본으로 무작정 떠났던 것이다.

"부친이 한량이었지만 세상이 하루가 다르게 변하고 있음을 직감하신 것 같아. 당시 자식들의 장래를 위해서는 일본에 가서 신학문을 배우게 해야겠다고 생각하셨지. 그래서 일본으로 건너가게 되었는데 조선 사람들이 많이 살고 있는 오사카에서 일본 생활을 시작했어."

일본으로 건너간 이듬해 그는 오사카에 있는 하원고등소학교에 입학한다. 그는 일본인학교에서, 시쳇말로 남에게 꿀리지 않으면서 학교생활을 한다. 그 당시에 있었던 에피소드를 부탁했더니 선생은 신이 난

듯 막힘이 없다.

"지금도 그렇지만 소학교 때는 공부시간에 잘된 그림이나 글씨를 교실 뒤에 붙이곤 했는데, 나는 그려서 내기만 하면 교실 뒤에 붙었던 기억이 있어. 글짓기도 좋아했고 운동도 무척 좋아했지. 나는 그때까지만 해도 소설가가 꿈이었어. 지금은 화가가 되었지만."

"나는 학교 다니면서 도시락을 꼭 한 번 가지고 간 적이 있어. 도시락을 가지고 가서 열어보니까 반찬으로 김치가 들어 있었지. 요새는 일본에서도 '기무치'라고 많이들 먹고 있는 것 같은데 그때는 안 그랬지. 더구나 내가 다니는 학교는 일본인학교라 더욱 그랬어. 도시락 뚜껑을 열자마자 주위에서 난리야, 마늘 냄새 난다고. 어린 마음에 창피하더라고. 그래서 그 이후로는 도시락을 싸지 않고 점심시간이 되면 집까지 뛰어와서 점심을 먹고는 다시 뛰어서 학교에 도착하면 바로 시작종이 울리곤 했어. 잘도 뛰었어. 그 덕분인지 학교 운동회 때도 달리기는 늘 일등을 하곤 했지. 한번은 부친께서 운동회 전날 다른 학생들처럼 체육복이며 운동화를 사러 돌아다녔는데 마침 돈이 모자라서 운동화는 못 사게 되었어. 나는 달리기에 자신이 있으니까 괜찮다고 했지. 운동회날이 되어 달리기를 하는데 출발신호가 울리자마자 나만 미끄러져서 넘어진 거라. 다시 일어나 뛰었는데 결국 내가 일등을 했어. 동생도 달리기를 잘해서 일등을 하고…."

선생의 말을 듣는 순간 나도 모르게 시선이 지팡이로 향한다. 선생과 오랜 시간 이야기를 나누는 것이 처음이라서 정보도 많이 부족했지만 나는 한쪽 다리가 불편한 선생의 모습을 평소에 봐오면서 선천적인 것이려니 하고 생각해왔다. 그런데 점심시간에 집에까지 정신없이 달려갔다가 달려오곤 했다는 말이 나에게는 무척이나 의아하게 들렸다.

"죄송한 말씀인데 선생님의 한쪽 다리는, 어떻게…."

멋쩍게 질문을 던지니, 선생은 벌써 눈치를 채셨다는 듯이 "좀더 들어봐" 하시면서 말씀을 계속 하신다.

"나는 씨름도 잘했어. 그 무렵 동네에서 씨름대회가 열렸는데 같은 학년끼리 겨루기를 해서 이기면 1전, 지금 돈으로 1,000원쯤 되나? 1전을 주고 또 이기면 또 주고 하는데 아, 아버지가 씨름대회에 나가지 말라는 거야. 아버지 말씀이 너는 이겨도 조센징이고 못 이겨도 조센징이니 굳이 나가서 뭐하러 그런 소리를 들으려 하냐고 하시면서 나가지 말라는 거야. 그래도 나갔지. 나가니 일본사람들이 수군거리더라고, 저 놈은 조센징이니 절대 저놈한테 져서는 안 된다고, 처음엔 3학년하고 했는데 내가 이겼어. 다음 상대는 4학년이었는데 내가 안다리를 걸고 넘기는데 아, 관절이 삐그덕 하더라고. 그 후로 앉았다 일어날 때는 항상 이상했어. 가까운 병원에 가서 X-Ray를 찍었는데 이상이 없다고 해. 다리를 고치기 위해서 굿도 해보고, 폭포물 맞으면 낫는다고 해서 폭포물도 맞고 했는데 낫질 않아. 그러던 차에 어떤 한국 사람이 자기가 죄어주면 낫는다고 해서, 아버지는 고쳐주면 재산의 절반을 주겠다고 약속해서 일주일 동안 죄었는데 관절 부위가 벌겋게 달아오르면서 더 악화되는 거라. 죄는 거 그만두고 적십자 병원에 가서 진찰을 해보니 관절 부위에 염증이 생겼다고 해. 주사바늘로 염증을 빼긴 했는데 결국 회복 불가능이라는 진단이 내려졌고, 그때 이후로 다리를 절게 되었지, 그때 병원에 입원해 있으면서 할 일이 없으니까, 뭐 혼자 할 수 있는 게 없나 생각하다가 그림을 그리게 되었지."

선생은 커피를 입에 갖다대면서 창 밖으로 시선을 던진다. 선생과 만나면 질문해야지 마음먹고 준비해 간 몇 가지의 물음―이를테면, 다리는 언제부터 절게 되었는지 또는 그림은 언제부터 그리기 시작했는지 등등―에 대해 담담하게 말씀하신다.

그렇게 운동을 좋아하던 선생은 밖에서 뛰어놀 수 없게 되자 그림에 몰두하게 된다. 소학교 3학년 때에는 아동 미술전에서 오사카 시장상을 수상한다. 가족들은 그의 그림 실력을 인정했지만 부친만큼은 반대하신다. 그 이유는 그림 그리는 것은 환쟁이, 쌍놈이나 하는 짓이라는 이유에서였다. 아버지의 반대에 부딪혀 방황을 거듭하게 되면서 학교에 대한 의욕마저 잃어갈 즈음 아버지는 입장을 바꿔 자식의 진로를 인정하게 되고 그 이후로부터 선생은 화가의 길을 걷게 된다.

4.

1948년 선생은 제34회 광풍회전에서 스물세 살의 최연소 나이로 최고상의 영예를 안게 되고, 이듬해 첫 개인전을 가지면서 화가로서의 길을 본격적으로 걷기 시작한다. 동경으로 생활 터전을 옮기면서 승승장구하던 그의 미술세계에 변화가 일기 시작한다. 일본 문화에 젖은 채 일본 음식을 먹던 그에게도 한국인의 기질이 서서히 자리를 잡아가고 있었던 것이다. 그는 가족의 반대를 무릅쓰고 조국에서 새로운 예술세계를 모색하겠다는 각오로 일본 생활을 완전히 청산하고 영구 귀국하는데 그때가 1957년이다.

한국전쟁의 상처가 남아있는 한국에서 화가로서의 그의 생활은 1년도 견디지 못하고 팽개치다시피 뛰쳐나오게 되고, 대학에서 미술을 가르치는 강사로 전전하면서 통음과 좌절로 세월을 보낸다. 그런 선생에게 생활의 안정을 가져다준 것은 다름 아닌 1960년 이학숙 여사와의 결혼이었다. 그 이후 선생은 비원의 황홀한 전경에 탄복하면서 출근하다시피 비원을 찾았고, 그곳에서 한국미의 근원을 탐색하기 시작한다. 선생은 일본에서 자신이 배운 것은 서양 철학이고 한국에서 느끼는 한국적인 것을 화폭에 담으려면 일본에서 그리고 느꼈던 그러한 형식으로는 안 된다고 생각한다. 소위 '비원파'라고 일컬어지던 시절이다. 1974년 선생은 오리엔탈 미술협회를 창립하고 그 대표를 맡으면서 그 동안의 작품에 대한 예술적 이념을 정립하기에 이른다. 『신동아』 1976년 2월호에 실린 선생의 글 「풍토와 미」를 잠깐 인용하면 '현대미술에 대한 많은 사람들의 생각과 방법은 저류에 있어서는 공통된 점이 있다. 이는 인간의 본성에 근간을 둔 때문일 것이다. 동시에 민족, 시대, 기후적 조건 등이 예술의 모체가 되고 정신문화의 체온을 형성한다고 볼 수 있으며, 이것이 예술의 풍토'라는 것이다. 그는 당시 한국의 많은 화가들이 유럽 등 해외 진출을 위해 안간힘을 쏟고 있을 때 정반대로 고향 제주로 돌아오게 된다.

5.
제주에 정착할 무렵, 선생의 생활은 어떠했을까?
"일본이나 서울에서의 스타일로는 제주의 내면을 그릴 수 없었지. 제주를 표현하려면 이전과는 전혀 다른 새로운 스타일이 필요한데 그게 어디 뜻대로 되나? 피를 말리는 시절이었지. 매일 술로만 살았어."
그 무렵 선생은 오랜 고통 끝에 과거의 예술세계를 버리고 현재의 모습으로 변할 수 있었다고 담담하게 말씀하신다. 그때의 각오는 '이전에 내가 가지고 있었던 그 모든 것을 다 버리자. 그리고 그림이 아니라고 해도 좋다. 예술이 아니라고 해도 좋다'라는 각오로 붓을 들었다고 한다. 그때 선생은 오늘날 선생의 그림에 주조를 이루는 황갈색이라는 제주의 빛을 발견하게 된다.
이야기를 나누다 보니 벌써 약속한 시간이 지났다. 매우 중요한 약속이 있다는 것이다. 제주에서의 선생의 삶을 들어야 하는데 나로서도 곤혹스럽다. 선생은 다음에 여유가 있을 때 술잔 앞에 놓고 다시 이야기하자며 일어선다. 일어서려는 선생을 붙들고 한마디만 물어보았다. "선생님의 앞으로의 계획이랄까 바람이 있다면 무엇입니까?"

선생은 일어선 채로 말씀하신다.

"제주가 자연풍광만이 아니라 문화와 예술의 섬으로 널리 알려졌으면 좋겠어. 제주의 문화를 보기 위해 세계의 많은 사람들이 제주를 찾고 또 찾게 하는 것, 그런 일에 보탬이 되었으면 좋겠어."

선생과 헤어지고 집으로 돌아와 선생이 주신 자료를 뒤적여 본다. 다시 만나면 한잔 나누면서 제주에서의 삶을 들으리라 생각하면서 말이다.

(제주작가 제4호, 2000년)

문학은 곧 삶이다

1.

안녕하세요. 이렇게 만나 뵙게 되어 반갑습니다.

시 쓰기를 시작한 지는 20년이 넘습니다만 내 시 쓰기에 대해 아직도 자신이 없어서 그런지 문학에 뜻을 둔 젊은이들 앞에서 시창작에 관련된 얘기를 꺼낼 때마다 왠지 낯설고 어색한 기분을 지울 수가 없습니다. 더군다나 시인 또는 작가는 작품을 통해서만 대중 혹은 독자와 만나야 한다는 생각에는 지금도 변함이 없기 때문에 이렇게 직접 얼굴을 맞대면하고 얘기를 나누는 일에는 마치 몸에 맞지 않은 옷을 걸친 것 같은 느낌입니다.

저는 시 쓰기에는 특별한 방법론, 다시 말해 시창작론이라는 게 따로 있다고 생각하지 않습니다. 사실 시창작론이라는 게 몇몇 시인들, 혹은 그와 관련한 공부를 하는 사람들이 자신의 방법론이나 또는 여러 사람들이 발표한 창작에 관련된 이론들을 한데 묶어 적당히 반죽하고 거기다 제 입맛에 맞는 양념을 곁들여 새롭게 치장해 놓은 것에 불과한 게 아닌가 생각합니다.

주제넘은 얘기가 될지 모르겠습니다만 제가 보건대 진정한 시창작론은 다름 아닌 시창작자, 즉 시인의 삶 그 자체에 있는 것이 아닌가 합니다. 다시 말해 시인의 성장 과정과 그 주변 환경, 그 시인이 지닌 삶의 가치와 철학, 세계관과 역사 의식, 자신이 놓여 있는 주변과 그 주변을 둘러싼 세계를 바라보는 시각, 이런 것들이 시인의 정신 속에서 무르익고 이걸 쓰지 않으면 안 되는 어떤 강력한 충동과 욕망에 휩싸여 문자라는 매체를 통해 활자화될 때, 그런 걸 문학이라고 부르는 건 아닌가 생각합니다. 물론 그러한 의식의 용광로에서 흘러 넘치는 쇳물덩이를 시로 형상화할 것인지 아니면 소설이나 다른 어떤 문학 장르로 드러낼 것인지에 대한 선택을 위한 학습도 중요하지만 이는 한 편의 시 또는 문학이 창작되는 과정에 있어서 한 부분에 불과한 것이지 전부일 수는 없다는 게 제 생각입니다.

하여 오늘 여러분들에게 하고 싶은 얘기는 무슨 거창한 문학창작론이 아닙니다. 부끄러움의 연속입니다만 제가 나고 자란 이야기, 그리고 제가 만난 사람 이야기, 제가 좋아하고 싫어하는 것에 대한 이야기를 할까 합니다. 그리고 그런 것들이 저의 작품 속에 어떻게 드러나고 있는지를 얘기해 볼까 합니다.

2.

저는 제주에서 나고 자랐습니다. 다시 말해 학교도 여기서 나왔고 군대 생활도 여기서 했으며 직장 생활도 여기 제주에서 하고 있습니다. 일주일 이상 섬을 비운 일이 거의 없습니다. 비릿한 바닷바람이 나를 키웠고 눈에 진물이 나도록 푸른 바다와 수평선을 바라보았지요. 저의 집이 바닷가 근처에 있어서 저는 저녁상을 물리면 바닷가로 나가곤 했지요. 그리고 여름철이 되면 조반을 해치우기가 무섭게 바다로 달려가 사위가 캄캄해질 때까지 바다와 함께 지냈습니다. 초등학교 2학년 무렵이었다고 생각하는데, 저는 하늘에 떠있는 별들의 고향이 바다 저 먼 곳 어디쯤일 거라고 생각했습니다. 왜냐하면 해거름이 질 때면 어김없이 수평선 너머에 별들이 나타나곤 했으니까요. 그 별들이 밤이 깊어지면서 하늘로 올라가는 거라고 생각하면서 말입니다. 그 별들이 고깃배에서 고기를 잡기 위해 켜놓은 어화(漁火)인 줄은 한참 후에야 알았으니까요.

어릴 적 무근성 탑 아래
고추 내놓고 멱을 감았습니다
해거름이 찾아와
파도소리 잠잠해지면
바다 끝엔 어느새

낮잠에서 깨어난 별들이

여기서도 반짝

저기서도 반짝

바닷가 오두막집에 불이 켜지면

반짝이던 별들

하나씩 둘씩 벗을 찾아

하늘로 올라갑니다

제일 큰 별은 북극성이 되고

일곱 형제는 북두칠성이 되고

견우도 되고 직녀도 되고

하늘로 오르지 못한 별들은

바다 끝에 도란도란 마주앉아

사이좋게 물장구 칩니다

탑 아래가 탑동으로 변하고

키보다 큰 방파제가

바다를 가로막은 지금

고추 내놓고 멱감는 아이는 여기 없습니다

바다 끝에 떠 있는 별을 보고

별이라 부르는 아이도 이제는 없습니다

―「내 어릴 적」 전문

 저는 초등학교 때 그림에 관심이 있었던 것 같습니다. 관심이라기보다는 그 당시 담임선생님의 손에 이끌려 그림대회에 참가한 것이겠지요. 그 무렵 그림대회라고 해봐야 운동장 한가운데 불자동차를 세워놓고 소방훈련 시범을 잠깐 보인 다음 '자나깨나 불조심', '꺼진 불도 다시 보자'로 귀결되는 강연을 듣고는 불조심에 관한 그림을 그리게 하는 것이 전부였습니다. 또 기억에 남는 건 궐기대회에 참가하여 귀순용사 강연을 듣고는 '무찌르자 공산당, 때려잡자 김일성' 구호를 외치다가 반공포스터 그리기를 하곤 했는데, 그때 주로 그렸던 그림은 도화지 절반 정도에 검은 색 선을 긋고 위에는 군인아저씨의 커다란 군화를 하나 그리고 아래 부분에는 군인아저씨가 간첩을 잡아 체포해 가는 모습을 얼추 그리면 봉황 두 마리가 새겨진 상장에다 '賞'이라는 붉은 도장이 찍힌 공책 두어 권을 받곤 하던 시절이었지요.

 5학년 때였는데 선생님께서 저를 부르시더니 한라문화제 백일장에 우리 학교에서 운문부에 참가하는 학생이 별로 없다며 저더러 그림 말고 운문부로 참가하여 시를 써보라는 겁니다. 선생님의 말씀이라 거절도 못하고 우물쭈물하다 결국 운문부의 일원이 되어 대회장에 갔는데 그때 주어진 제목이 '창(窓)'이었어요. 참 막막했지요. 창가에 앉아 창밖만 우두커니 바라보고 있었는데 문득 '창'이 참 재미있다는 생각을 했지요. 밖을 보고 싶으면 밖이 보이고 비스듬하게 바라보면 창 안쪽이 보이는 거예요. 순간적으로 생각이 들더군요. '창'은 참 좋겠다. 바깥도 볼 수 있고 안쪽도 볼 수 있으니…' 이런 생각을 하면서 난생 처음 시라는 걸 썼는데 '무슨 생각 잠겨 있나 / 비스듬히 바라보면' 이렇게 시작하는 4연으로 구성한 시였어요. 그런데 그 시가 제주도 초등학생 운문부 장원으로 뽑힌 겁니다. 그때 담임선생님께서는 그 시를 가지고 시화를 만들어 제게 선물을 하셨는데, 제 책상 앞에 놓여진 덕분에 자연스럽게 암기가 되어 있었지요. 중학교 2학년 때라고 기억이 되는데 교내 백일장이 있었습니다. 그때 시제가 우연하게도 또 '창'이었어요. 그래서 치기가 발동한 겁니다. 암기된 그 시를 그대로 썼는데 다시 최우수상을 받은 겁니다. 그때 저는 생각했습니다. 시, 참 시시한 거라고.

3.
저에게 청소년 시절, 다시 말해 중학교에서 고등학교로 이어지는 시절은 참 견디기 힘든 어려움이었습니다. 가난 때문이었지요. 저의 어머님은 가족의 생계를 위해 일본으로 밀항을 시도하다가 붙들려 일본 오오무라 형무소에 수감된 상태였고 아버님은 가진 게 없어 그럭저럭 빚을 지면서 살던 시절이었지요. 언제부턴가 저는 말수가 적어졌고 학교에서 돌아온 이후 대부분의 시간을 혼자 바닷가에서 보냈지요. 그때 저는 지긋지긋한 가난이 싫어 고등학교만 졸업하면 어떻게든 섬을 벗어나야겠다고 밀려오는 파도에 다짐했고 밀려가는 파도에 재삼 다짐하곤 했습니다.

결국 육지에 있는 전기 대학에 실패를 하고 패잔병처럼 돌아와 고향에 있는 대학 국어교육과에 원서를 집어넣어 대학생이 되었지만 학교에는 도무지 애정이 가지 않았습니다. 방바닥에 등 붙이고 뒹굴면서 이 책 저 책 닥치는 대로 읽다가 밤이 되면 밤고양이처럼 어슬렁어슬렁 기어나가서 적당히 취하면 비틀대면서 흐느적흐느적 집으로 들어오는 그런 날들의 연속이었지요.

입학한 지 한 달이 지날 즈음이었는데 신입생 환영회가 있으니 참석하라는 연락을 받고 공술이나 얻어먹자는 심사로 나갔지요. 요즘은 어떤지 모르겠습니다만 그 무렵은 대부분의 환영회가 중국집에서 짬뽕국물이나 춘장을 안주삼아 짜장면이나 짬뽕을 먹는 게 고작이었지요. 구석진 데 앉아 잔을 비우고 있는데 고등학교 선배 한 분이 느닷없이 제게 이런 말을 하는 것이었어요.

"네가 이 학교를 다니려면 두 가지를 항상 잊어선 안 된다. 첫째, 대한민국에서 제일 싼 회비를 내고 대학을 다니고 있다는 것. 둘째, 다름 아닌 네가 다니고 있다는 것."

술기운에 들었는데도 이상하게 그 말이 오래도록 잊혀지질 않았어요. '내가 제일 값싸게 대학을 다니고 있다면 그 나머지 몫을 누가 대고 있는 건 아닐까? 그게 혹시 여기 섬사람들은 아닐까? 그렇다면 나는 섬

사람들에 대해 얼마나 알고 있는가?' 뭐 이런 생각이 꼬리를 물었고 결국 아르바이트를 해서 돈이 생길 때마다 무작정 시외버스에 몸을 실어 섬의 구석구석을 찾아 나섰지요. 그때까지만 해도 저는 제가 사는 제주시를 벗어난 적이 별로 없었습니다. 그 무렵 내 눈에 비친 섬 구석구석의 풍경은 참 놀라움 그 자체였습니다. 제주도가 이렇게 크고 넓은지 그때 처음 알았습니다. 마을을 지키는 아름드리 팽나무 아래서 만난 촌로들은 소주 한 병을 사이에 놓고 마을의 역사며 살아가는 이야기며 농촌의 현실을 들려주다가 어느 정도 취기가 오르면 그네들의 애환을 담은 일노래들을 끊임없이 들려주는데 두 귀로는 감당하지 못할 정도로 많이 들었습니다. 어떤 날은 요란한 연물소리에 이끌려 가보면 어김없이 굿판이 벌어지고 있었지요. 그러면 그 집에 며칠씩 머물며 심방(무당) 어르신들과 굿을 청한 본주 어른들로부터 많은 얘기를 듣곤 했지요. 바다로 나가면 불턱(해녀들이 몸을 말리며 잠시 쉴 수 있는 공간)에서 만난 해녀 할머니, 아주머니들과 마주앉아 물질하면서 겪었던 여러 가지 소중한 체험들을 들을 수 있었습니다. 돈을 벌기 위해 출가하여 먼 이국땅 블라디보스토크에까지 가서 물질했다는 얘기, 악독한 선주를 만나 1년 열두 달 생고생하고는 빈털터리가 되어 고향으로 돌아왔다는 얘기 등등 지금 생각하면 제 문학의 뼈가 되고 살이 되는 소중한 얘기들을 직접 들을 수 있었던 황금 같은 시기였지요.

4.

그런데 유독 어느 지점에 가면 하던 얘기를 뚝 끊고 입을 다물어버리는 것이었어요. 땅이 꺼질 듯 한숨만 쉬다가 말꼬리를 다른 데로 돌리는 것이었어요. 그게 4·3이었습니다. 섬의 이곳 저곳을 정처 없이 돌아다닐 무렵 저는 제주땅을 할퀴고 간 4·3에 대해 비교적 소상하게 그리고 구체적으로 들을 수 있는 소중한 기회를 갖게 되었는데요, 중산간 선흘이라는 마을에 위치한 낙선동이라는 조그마한 동네에서 하루를 지내면서였습니다. 마침 그 마을에 제사가 있어서 그 집을 찾아가게 되었는데, 그네들이 수군거리는 이야기의 실체를 이해하는 데는 적지 않은 시간이 필요했습니다.

낙선동에선
그 날의 바람을 되새기지 않는다
그래서 낙선동 사람들은
동네 제삿날 한 자리를 하더라도
비료값 오른 이야기를 주고 받고
농협 융자금 걱정이나 하면서 밤을 지샌다
그러다가 가끔씩
나지막한 목소리로 바깥 세상 이야기를 할 뿐
그 날의 바람에 대해선 아무 말이 없다

사십 년이 지난 지금

낙선동 성담 위로 비가 뿌리면

밤잠을 못 이루고 뒤척이는 사람이

한둘이 아니다

들창을 열고 어둠에 밀려오는 빗줄기를 보며

초점 잃은 얼굴을 하는 사람

잃어버린 얼굴을 찾아

이 오름 저 오름을 헤가르는 사람이

한둘이 아니다

국민학교 운동장에서

마을 건너 동백동산에서

산에서 들에서 길에서

외마디 소리 비명 소리

흐느끼는 소리 자지러지는 소리

아이 우는 소리 초가 타는 소리

통곡 소리 미친 웃음 소리

하늘 무너지는 소리가 귓가에 쟁쟁인다는

그런 사람이 한둘이 아니다

— 「낙선동」 전문

물론 4·3을 저에게 직접 가르쳐준 건 현기영 선생의 『순이삼촌』이었지요. 그 무렵 저는 문학과 예술에 심한 갈증을 느끼고 있었습니다. 그런 저에게 문학과 예술 그리고 제주라는 섬의 역사와 삶에 대해 큰 가르침을 준 두 분을 알게 되었는데요, 그 두 분이 바로 소설가 현기영과 황석영 선생입니다. 굳이 구분하자면 한 분은 저에게 제주의 참모습을 일깨워주신 분이고, 다른 한 분은 문학과 예술에 대해 눈을 뜨게 한 분입니다. 지금도 저는 그 두 분과의 인연을 매우 소중하게 생각하고 있고 자주 뵙지는 못하지만 그분들의 바람에 어긋나지 않게 살아야겠다는 생각을 가지고 있지요. 그게 문학의 바른 길이고 내가 발 딛고 선 이 땅을 진정 사랑하는 길이라는 생각에 변함이 없기 때문입니다.

　황석영 선생은 광주 5·18 직후에 몸을 피해 이곳으로 오셨는데요, 그분은 워낙 민들레 꽃씨 같은 분이라 당신이 가는 곳마다 변혁의 뿌리를 심어놓으시는 분이지요. 제주에서도 그와 뜻을 같이 하는 몇몇 선배들과 함께 놀이패를 꾸려, 외지 자본에 의한 제주도의 토지 투기 실태를 다룬 마당극을 하게 되었는데요, 그때 운 좋게도 저도 함께 하게 되어 저는 그분들로부터 많은 자양분을 얻을 기회를 갖게 된 것이지요. 그때가 1980년이었는데 배우로 참가한 저는 당시의 느낌을 습작으로 남기게 되고 결국 저의 등단작 중의 하나이기도 한 작품을 쓰게 됩니다.

　뜨거운 돌밭에

두터운 발바닥 펴고

마당을 다진다

감물빛 고쟁이

억새꽃으로 하늘하늘

굶주린 섬것들 춤추게 하자

땅 팔고 사는 놈

지 에비 애미 팔아먹을 놈

맺힌 맘 풀고 풀어

설운 맘 풀고 풀어

오방을 만들어

두 발은 문이 되고

두 팔은 울이 되고

산신님아

영주산에 올라 굽어 살피시어

백두산 하늘길 지키시라

영등님아

사면 파도 일으켜 세워

뭍에서 오는

금도깨비들 몽땅 삼키시라

돌하르방님아

사랑으로만 두 주먹 내리시고

인정으로만 고리눈 감으시라

―「땅풀이」 전문

저는 그 무렵 시 쓰기보다는 연희패 활동에 더 매료되어 있었습니다. 지금은 조금 생각이 달라졌습니다만 그 때의 생각으로는 문학은 어차피 문자 매체를 통해서 대중과 만나는 것이기 때문에 간접적일 수밖에 없다는 생각이었지요. 그리고 문학이라는 것이 당시 민중 현실을 반영하기엔 너무 고급스럽다는 생각을 가지고 있었습니다. 아침 일찍 밭일 나가고 별을 보고서야 집으로 돌아오는, 아니면 칠성판을 등에 지고 죽음의 문턱을 오가면서 살아야 하는 이 땅의 민중들에게 문학이 도대체 무슨 의미일까 하는 생각이었지요. 반면 마당극은 대중과 직접 맞대면해서 울고 웃고 놀고 싸우고 맺고 풀고 하면서 어우러지다가 함께 두 주먹 불끈 쥐게끔 하는 양식이어서 직접 그네들의 아픔과 설움, 그리고 분노를 체감할 수 있기 때문이었지요.

그래서인지 등단한 이후에도 거의 시를 쓰지 않았습니다. 또 자신도 없었지요. 가끔 시를 쓰는 기회가 주어지곤 했는데 주로 시위 현장 아니면 농성장에서 부탁을 하는 경우였습니다. 그런 경우는 문학성보다는 현장성이 더 중요한 요소가 되겠지요. 농성장에서 한데 어우러져 함께 하다가 그 분위기를 가슴으로 느끼고는 단숨에 써 내려가는 겁니다.

어머님

오늘도 당신의 딸은 사랑하는 동지들과 함께

거리로 나서려 운동화 끈을 조여맵니다

고향집을 나설 때

골목 어귀까지 나오시며 눈물을 감추려 등을 돌리시던

그날의 가슴 아픈 기억을 보듬은 채 길거리로 나섭니다

지난 겨울은 유난히도 추웠습니다

분노와 서러움에 견딜 수 없어

매서운 눈보라 속을 헤매인 적도 한두 번이 아니었습니다

힘겨움과 두려움에 지쳐 동지들과 가슴 맞대고

울기도 참 많이 울었습니다

가진 자 배부른 자들로부터

'돼먹지 못한 년' 이라는 욕설도 들었습니다

'교양머리 없는 년' 이라는 치욕도 혀 깨물고 참았습니다

'다 죽여버린다' 는 협박에 잠 못 이룬 밤도 많았습니다

고통받는 환자와 아픔을 같이 하며

하루하루 부끄럼 없이 살자던 순백의 세월이

저들의 할큄에 난자당한 채

바람 찬 길바닥에 내동댕이쳐지면서부터

어머님의 딸은

먹장구름 사이로 언뜻 스쳐 가는

당신의 참모습을 보았습니다

참사랑도 알았습니다

참용기도 배웠습니다

누가 허벅지의 살을 함께 나눌 동지이고

누가 어머님의 가슴에 못을 박은 적인지도

깨달을 수 있었습니다

어머님

우리들은 빼앗길 만한 모든 것을 이미 빼앗겼으므로

더 이상의 눈물도 남아있지 않습니다

사랑하는 어머님

이제 어머님의 딸은 동지들의 가슴 가슴에 꽂힌

기만과 착취의 칼날을 뽑아

저들의 검은 가슴에 날카롭게 되돌려주렵니다

그 때, 하늘가엔 붉은 노을이

당신의 눈웃음처럼 곱게 피어나겠지요

그리하여 우리가 하나되는 날

모든 고난과 아픔을 딛고 일어서는 그날을 위해

어머님의 딸은 모진 겨울을 이겨낸 복수초가 되어

의연하게 다시 서렵니다

무너져야 할 모든 것을 무너버리기 위해
사랑하는 동지들과 어깨 걸머메고 오늘도 거리로 나섭니다
―「어머님을 위하여」 전문

1987년 6월 항쟁은 당시 우리들에게 많은 의미를 남겨주었습니다. 부분적인 유화 국면이 찾아온 것이지요. 제주에서도 마찬가지로 부문별 단체들이 우후죽순 격으로 창립이 되었고 저는 그 무렵 문화운동과 관련된 단체에서 일을 하고 있어서 그 단체의 창립을 위해 분주히 움직이고 있었습니다. 그리고 1984년 교사가 된 이후에 뜻을 같이 하는 선생님들과 함께 교사 조직을 건설하는 일도 하고 있었지요. 1989년 전교조가 건설되면서 전교조에 가입했다는 이유 하나만으로 전국에서 1,600여 선생님들이 쫓겨나는 힘겨운 상황을 맞이하게 되는데 저 또한 그 중에 한 사람으로 해직을 당하게 됩니다. 저를 바라보는 가족과 친척들의 시선이 참 견디기 어려웠습니다. 제일 마음에 걸린 사람은 다름 아닌 어머니였지요. 자식이 교사가 되어 이제 한시름 놓는가 보다 했는데 발령 받은 지 5년만에 교단에서 쫓겨나게 되었으니까요. 제주에서는 16명의 선생님들이 해직을 당했는데 '하필이면 하고많은 선생들 중에 왜 네가 거기 들어야 하는 것이냐' 하는 것이었지요. 해직되고 얼마 안 되어 저는 시 한 편을 쓰고는 어머님께 용서를 빌었지요.

이놈아

이 철딱서니 없는 놈아

돈 없는 부모 만나

대학 마당 구경조차 못했다는 소리는

차마 듣기 싫어서

마음만 너의 가슴에 남겨 두고

보따리 하나 들고 밀항선에 몸을 실어

사흘 밤 사흘 낮

똥줄 빠지고 오장 쓴 물 뒤집어쓰면서

현해탄을 건넜다

고무공장에라도 들어가면

이 악물고 개같이 벌어보겠노라고 맘먹으면서

그 험한 바당을 건넜다

왜놈땅을 코앞에 두고

이젠 됐구나 싶어 가슴 조이는데

어디서 나타났는지 왜놈 순사한테 붙들려

오오무라 수용소로 끌려갈 때쯤엔

아이고 이놈아 하늘이 노랗더라

하도 막막해서 피눈물도 안나오더라

두 해만에 집에 돌아와

그래도 부모 노릇은 하겠노라고
네 놈 대학은 내 손으로 보내겠노라고
팔가죽 벗겨지도록 부로크 찍는 일 하면서도
희망 하나 갖고 살았다
동문시장 입구에 터 잡고 앉아
사과 궤짝 위에 감귤 서너 개 올려놓고
단돈 십 원이라도 더 벌어보려다
거리단속반원에게 쫓겨
길바닥에 나뒹구는 감귤알맹이 주워담으며
이고 지고 도망칠 때도
네 놈 하나 희망으로 살았다
그런데 이놈아
어떻게 들어간 대학 마당인데
어떻게 따낸 선생자린데
초년 고생 말년 늦복이라던데
이제야 사는가 보다 했는데
이 철딱서니 없는 놈아
정교조인지 전교조인지 도대체 그게 뭐길래
그게 뭐하는 집구석이길래
네가 학교에서 쫓겨나야 하느냐 이놈아

그러니 내 뭐라고 하더냐
잘난 체 맨 앞줄에도 서지 말고
몰명허게 맨 뒷줄에도 서지 말고
가운데쯤 있다가 힘 센 쪽에 붙으라고
침이 마르도록 말하지 않더냐
그런데 네 꼴이 이게 뭐냐
누구 죽는 꼴 보려고 이러느냐 이 잘난 놈아

그 날 밤 어머니는
그래도 내 배 아파 난 자식놈 믿어야지
어느 개아들놈을 믿겠냐며
이 집 저 집 밤늦도록 돌아다녀
전교조 합법화 서명용지를 가득 메우고서야
집으로 돌아왔다
— 「나의 어머니」 전문

  5년 만에 다시 학교로 돌아왔는데 학교는 별반 달라진 게 없었습니다. 그러나 그 기간 동안 저는 참 소중한 것들을 배울 수 있었습니다. 세상을 보는 눈이 보다 넓어졌다고나 할까요? 깊이를 잃지 않고 넓어져야 하는데 넓어지면서 얕아지지 않으려 노력은 하고 있지만 뜻대로 되지는 않는 것 같습니다. 한 가지 달라진 게 있다면 이전에 비해 문학 특히 시 쓰기에 보다 애정을 갖게 되었다는 점인데요, 학교 밖에 있으면서 이런저런 글들, 그중에서도 시와 소설을 많이 접할 수 있었습니다. 그러면서 문학도 힘이 될 수 있다는 생각을 새롭게 하게 되었다는 것입니다. 시대에 뒤떨어지고 감정의 굴곡이 들쭉날쭉이지만 어쨌거나 내가 낳은 새끼임에는 틀림이 없기 때문에 부끄러움을 무릅쓰고 그때까지 여기저기 흩어졌던 시편들을 모아 『어디에 선들 어떠랴』라는 제목의 시집을 하나 묶었고, 이를 계기로 마당극보다는 시 쓰기에 좀더 애정을 가져야 되겠다는 생각으로 노력하고 있습니다. 제 두 번째 시집 『신호등 쓰러진 길 위에서』의 표지글에 현기영 선생님도 지적하셨듯이 마당극이 집단의식의 치열성을 보여주는 데 역점을 두고 있다면 시는 그러한 집단의식의 치열성 때문에 어쩔 수 없이 소외되기 마련인 개인의식 그리고 감정의 내면 풍경에 더 시선이 간다는 게 저의 솔직한 심정입니다. 건방진 얘기로 들릴 수도 있겠습니다만 나이가 들면서 세상과 사물을 바라보는 눈도 좀 너그러워지지 않았나 하는 생각을 해봅니다. 요즘은 학교에서 중학생들을 가르치고 있는데 그네들의 웃음소리가 참 살갑게 와닿습니다.

그 계집애 이름은 연봉이
1학년 7반 실장 아이

5교시 국어 시간

'문학이란 무엇인가' 책읽기 시간

24일 24번 책읽기를 시키고는

그 아이 옆을 지나가는데

그 아이 가만 책을 보다가

누가 볼세라

살짝

내 윗도리 호주머니에

손을 넣었다 빼고는

씨익

웃는다

모르는 척 돌아와

호주머니에 손을 넣는데

아,

손끝에 와닿는

그 계집애 여린 볼 같은

상기된 방울토마토 하나

— 「방울토마토」 전문

5.

　두서없이 얘기를 하다보니 어느덧 저에게 주어진 시간이 다 되어 가는 것 같습니다. 정리를 해서 말씀을 드리자면 저에게 있어서 창작은 제가 걸어온 삶 그 이상도 이하도 아니라는 것입니다. 저는 지금껏 나를 낳고 키워준 제주에 대해 무한한 고마움과 함께 영원한 부채의식을 가지고 살아가고 있고 또 앞으로도 그렇게 살아가리라 다짐합니다. 한때는 지긋지긋한 가난이 싫어 섬을 비우겠다는 생각에 홀로 바닷가에 앉아 망연자실하게 바다끝 수평선을 진물나도록 바라보았지만 결국 저는 섬 안에 남게 되었고 여기서 저 나름의 세계를 찾아 길을 나서게 된 것이지요. 섬의 상처가 곧 나의 상처이고, 섬의 슬픔이 곧 나의 슬픔이며, 섬의 노래가 곧 나의 노래여야 한다는 생각으로 글을 쓰고 있습니다. 사람들은 간혹 이런 말을 하곤 하지요. 어느 시인의 표현인데 '섬, 하면 가고 싶지만 섬에 가면 섬이 보이지 않는다' 는 말이라든가 '섬을 사랑하기 위해 섬을 비운다' 라는 말들을 간혹 듣곤 하는데요, 글쎄 저는 꼭 그렇게 생각하진 않아요. 섬에 있어도 섬이 보이거든요. 문제는 섬과 자신을 어떻게 일치시키는가 하는 점이겠지요. 그리고 섬을 알기 위해서, 섬을 사랑하기 위해서 섬을 비운다는 건 납득이 가질 않아요. 어쩔 수 없는 상황 때문에 섬을 비울 수는 있어도 사랑하기 때문에 비운다는 건 어쨌거나 자기합리화에 불과한 것이지요. 진정으로 사랑을 한다면 어떤 어려움이 있어도 거기 그 자리에 있으면서 아픔과 슬픔과 기쁨을 함께 해야 하는 것 아닌가요? 저는 섬에서 나고 섬에서 살아온 그리고 살아갈 나날에 대해 깊은 감사를 드립니다.

저는 섬이라는 용어 대신에 여러분들에게 '우리, 혹은 우리 땅, 또는 우리 민족'으로 대치시켜 다시 한번 생각을 가다듬어 볼 것을 부탁드리고 싶습니다. 우리가 섬에 있기 때문에 섬을 사랑하듯, 이 땅에 살기 때문에 '나 그리고 우리, 이웃과 세계, 그리고 지금 내 주위의 모든 것, 바람 한 점, 풀꽃 하나'에 대한 사랑을 가져야 한다는 것이죠. 이건 선택의 문제가 아니라고 생각합니다. 창작에 뜻을 둔 사람이라면 기본 전제이자 필수 조건인 셈이지요. 그런 진솔한 생각으로 사물을 보고 세상을 바라보자는 것이지요. 그 생각들을 문자로 엮어내고 다듬고 세상을 향해 드러내는 행위가 창작행위가 아닐까요?

아직도 저는 '시란 무엇인가?' 혹은 '시창작은 어떻게 하는 것인가?'에 대한 모범답안을 가지고 있지 않습니다. 그 답은 어디에도 없다고 생각합니다. 제가 좋아하는 선배 시인 한 분이 계신데요, 이미 열다섯 권의 시집을 상재하셨고 진갑을 훨씬 넘기셨는데도 꾸준히 아주 열심히 창작에 몰두하시는 분입니다. 언젠가 그분이 들려준 이야긴데 당신은 한 편의 좋은 시를 쓰기 위해 끊임없이 쓴다는 것이었습니다. 그 한 편의 좋은 시는 살아생전 안 나올 수도 있는 겁니다. 문제는 그런 시인의 자세가 아닐까요? 다시 말해 좋은 시, 훌륭한 시를 찾아 나선 외롭고 힘겨운 고행, 그 길이야말로 진정한 시창작의 길이 아닐까요?

끝으로 시 한 편을 소개하면서 마치도록 하겠습니다. 끝까지 함께 해 주셔서 감사합니다.

그대를 만나기 위해
깊은 밤
아무도 없는
가시밭길을 걷습니다
바람과 바람이 부딪치면서
우렁우렁 하늘이 울고
둥지 속 새들은
바람과 바람 사이에서 길을 잃고
휴지조각처럼 날리고 있습니다

길을 가는 동안
단 한 사람의 옷자락도 만나지 못했습니다
무너진 사랑 때문에
그대 또한 만날 수 없으리란 걸 압니다
그래도 달리 길이 없어
상처난 짐승처럼 절며절며 그대에게 갑니다
가다가 덫에 걸려 가슴이 뚫리고

썩은 살점은 바람에 쓸리고

마른 사막에 누워 있는 하얀 낙타처럼

나 또한 풍화되고 잊혀지리란 걸 압니다

행여 넋이라도 남을 수 있다면

바람길에 구름길에 떠밀려

그대의 문 앞을 서성일 수 있다면

그대 가까이 서 있다는 이유만으로도

한없는 행복이라 여기렵니다

지상에 머물렀던 한순간

소리내어 그대를 불러보지도 못하고

다만 아련한 그대의 향내에 취해

비틀거리며 그 자리에 선 채

고목처럼 죽어

다시 고목처럼 살아도

지나온 나날들 아름다울 거라 생각합니다

―「詩에 대하여」 전문

(시 창작 강의 노트, 2003년)

• 추천의 글 •
가을하늘처럼 맑은 영혼

김수열 시인은 내가 제주에 살면서 만난 몇 안 되는 지인 중 한 사람이다. 그가 이번에 산문집을 내게 되었다면서 나에게 원고를 보내 왔다. 내가 좋아하는 그의 책이 세상에 나오기 전에 읽어볼 수 있는 행운을 얻은 셈이다. 그러나 세속의 일에 함몰하여 각박한 분쟁의 한가운데서 사는 율사가 돈내코 골짜기를 흐르는 물처럼 맑은 시인의 글에 토를 다는 것은 가당치 않은 일이라 마땅히 사양하였거늘, 제주에 살았던 연분으로 종내 이처럼 추천의 글을 쓰게 되었다.

그는 보기 드물게 순하고 맑은 사람이요, 올곧고 따뜻한 영혼을 가진 사람이다. 바람 부는 날 제주 바닷가에 서면 드센 바닷바람에 날아가 버릴 것만 같은 가느다린 몸매에 맑은 눈빛을 가진 그를 만나면 즐겁고 마음이 편하다. 그뿐이랴, 소줏잔을 놓고 마주 앉으면 시간가는 줄 모르겠다. 내가 그를 만난 것은 그가 전교조에 가입했다는 이유로 해직되어 있을 때였으니 1992년쯤이었을까. 이미 십여 년 전의 일이다.

그의 시와 산문을 대하면 그의 영혼의 색깔, 영혼의 냄새가 묻어 나온다. 봄날의 새싹처럼 따뜻하고 부드러운 연둣빛 색깔, 가을 언덕에 핀 구절초 향기 같은 냄새 말이다.

그가 글에서 밝히고 있듯이 그는 토종 제주사람이다. 제주에서 태어나 그곳에서 학교를 다니고 그곳에서 교편을 잡고 글을 쓰는 사람이다.

누구나 고향을 사랑하겠으나 그의 고향 사랑은 유달리 지극하다.

그의 글에는 그가 매일 만나는 학생들에 대한 애잔한 사랑, 그의 생활과 어린 시절의 아련한 추억, 주변의 모든 하찮아 보이는 것들에 대한 깊은 관심과 연민이 녹아있다. 깨어있는 시인의 맑은 심성과 웃음을 짓게 하는 에피소드와 이야기들이 녹아있다. 또 그의 글에는 제주의 한라산, 제주의 오름이 있고 제주의 바다, 제주의 돌, 제주의 바람, 제주의 진한 사투리가 있다. 그리고 제주의 순박하면서도 억센 사람들이 있고 그들의 고난에 찬 기억과 4·3 항쟁의 슬픈 역사가 있다. 그의 글은 잔잔한 감동을 불러온다. 특히 제주를 아는 사람들에게는 코끝이 싸한 아픔마저 불러온다.

글은 그것을 쓰는 사람의 삶의 표현이요, 영혼의 울림일진대 그의 영혼은 제주 사람 모두가 겪었던 참혹한 4·3의 기억을 천착하면서 진저리 처지는 역사를 똑바로 응시하고 있다. 아픈 기억은 잊어버리려고 애쓰는 것이 인지상정이요, 또한 조금씩은 잊혀지기 마련이지만 과거의 쓰라린 기억을 마주 응시하지 않으면 역사는 제 갈 길을 찾지 못하고, 사람들의 상처받은 영혼은 치유되지 않는다. 이 점에서 문학은 예술이면서 또한 무기여야 한다는 시인의 생각에 전적으로 동감이다. 그의 4·3에 대한 관심 때문에, 내가 4·3 연구소와 무관치 않음이 또한 이번에 그의 글에 사족을 달게 되는 한 가지 이유가 될 듯하다.

  그러나 글은 일단 저자의 손을 떠나면 읽는 사람의 몫인지라, 저자의 머릿글이 책머리에 놓이는 것은 자연스러운 이치이나 그밖에 또 누구의 말이 필요하겠는가. 나의 이 글이 시인의 글에 군더더기가 될 것을 저어할 따름이다.

2005. 3.

이른 봄 하남에서, 율사 최병모

김수열 시인의 세상읽기
섯마파람 부는 날이면

초판 발행 | 2005년 4월 2일

지은이 | 김수열
편집인 | 박일환
펴낸곳 | 진보생활문예 **삶이 보이는 창**
등록번호 | 제18-48호
등록일자 | 1997년 12월 26일

(152-872) 서울 구로구 구로 4동 734-15, 4층
전화 | 02)868-3097   팩스 | 02)868-4578
홈페이지 | **www.samchang.or.kr**

값 8,000원

ISBN 89-90492-19-X 03810